A cura di Simonetta Vernocchi
Istituto Europeo di Scienze Forensi e Biomediche - eFBI
I Edizione Giugno 2019
Copyright Istituto Europeo di Scienze Forensi e Biomediche - eFBI
www.fbi-bau.eu.
Via Pier Capponi, 83, 21013 Gallarate (VA)
Tel. +39 346.631.1059   +39 (0) 331 142.05.42   Fax +39 (0) 331 142.05.39

Immagine di copertina: Francesco Pagliaro ed Alessandro Pagliaro.

UNA VITA IN DISPARTE

Tra autorealizzazione ed insuccesso

Yuri Cerasa
Simonetta Vernocchi

Patrocinato dall'Istituto Europeo di Scienze Forensi e Biomediche

Ai Miei Figli e ai Miei Nipoti

UNA VITA IN DISPARTE 3

INTRODUZIONE 15

MILLENIALS VISTI DA UN MILLENIAL 20

Millenials 20

LA SINDROME DI HIKIKOMORI 22

Terminologia e definizione 22

La storia... 23

Classificazione 23

Diffusione... 24

Epidemiologia 25

LA FAMIGLIA DEI RAGAZZI CON SINDROME DI
HIKIKOMORI.. 27

Il ruolo della famiglia.. 27

Padre e madre 27

La dipendenza dal lavoro.. 28

La dipendenza dallo studio 30

La primogenitura 30

I primi fallimenti 31

L'imbarazzo e l'empatia 31

Genesi del ricatto affettivo 32

Vergogna e senso di colpa 33

Elementi essenziali del ricatto affettivo 33

Ostentazione dell'amore 34

Dipendenza affettiva 34

STILE DI ATTACCAMENTO DELL'HIKIKOMORI 35

La famiglia normale 35

Attaccamento sicuro ed insicuro 36

Classificazione degli stili genitoriali 36

Fattori implicati nello sviluppo degli stili educazionali 38

Stile genitoriale autorevole 38

Stile genitoriale autoritario 40

Stile genitoriale permissivo 42

Stile genitoriale incoerente 43

Stile genitoriale iper-permissivo 43

Stile genitoriale repressivo 45

Stile genitoriale trascurante 46

Importanza della regola 46

Il bambino del mercoledì 47

PSICOPATOLOGIA DELL'HIKIKOMORI 49

Senso di colpa 49

Senso di colpa mascherato 49

Oppure mi lavo e mi rilavo le mani nel tentativo di purificarmi, di lavare le colpe. Non posso mangiare, non posso toccare nulla se prima non mi lavo e mi rilavo...si svilupperà un vero e proprio disturbo ossessivo compulsivo. 49

Sessualità via web 50

Dipendenza affettiva 51

FATTORI PRECIPITANTI DELLA SINDROME DI HIKIKOMORI 52

GLI STADI DELLA SINDROME DI HIKIKOMORI 53

Il ritiro sociale e sintomi fobici 53

Fobia scolastica 54

Ludopatie 54

Antropofobia 54

Disturbi del sonno 55

Agorafobia, attacchi di panico e disturbo d'ansia 55

Perdita di contatto con la realtà 55

GLI ATTACCHI DI PANICO DELL'HIKIKOMORI 56

IL DISTURBO D'ANSIA DELL'HIKIKOMORI 58

INSONNIA E PERDITA DEL CICLO SONNO-VEGLIA DELL'HIKIKOMORI 61

DEPRESSIONE ED ALTERAZIONI DELL'UMORE
DELL'HIKIKOMORI 63

IL TUMULTO DI EMOZIONI DELL'HIKIKOMORI 64

Funzione delle emozioni 64

Classificazione delle emozioni 65

Sviluppo delle emozioni 65

Minacce incombenti e minacce immediate 66

La minaccia immediata 67

Immobilità, fuga, lotta 67

Paura ed ansia 68

Rabbia e territorialità 68

Spazio intimo 69

Gestione della rabbia 69

Vergogna 70

HIKIKOMORI E DIPENDENZA DA INTERNET E SOCIAL
.... 71

Criteri diagnostici per la dipendenza da internet 72

BULLISMO ED HIKIKOMORI 73

Il non luogo del bullismo 74

Il bullismo come fenomeno universale 75

Personalità della vittima 76

Vittimizzazione in Italia 77

Gli spettatori o maggioranza silenziosa 78

L'autorità 78

Personalità del bullo 79

Sistema scolastico giapponese 81

SESSUALITÀ NEI RAGAZZI CON HIKIKOMORI 83

Hikikomori e sessualità 83

La Sessualità via web 83

Asessualità dell'Hikikomori 84

Attrazione romantica ed attrazione sessuale 84

Differenze di orientamento dell'attrazione 84

Demisessuali e forme intermedie 85

Inadeguatezza dell'Hikikomori 85

HIKIKOMORI IN ITALIA 86

La storia di Akko 87

HIKIKOMORI OVER QUARANTA 89

La Storia di Marco 89

COME AIUTARE UN RAGAZZO IN HIKIKOMORI 91

Diagnosi precoce 91

Aiutare un ragazzo in isolamento 92

Una mamma per amica 92

Socializzazione nel gruppo dei pari.. 92

Utilizzare i social per la terapia dell'Hikikomori...................... 93

EVOLUZIONE DELLA SINDROME DI HIKIKOMORI 95

IL SUICIDIO DELL'HIKIKOMORI 97

Epidemiologia del suicidio 97

Effetto domino o di trascinamento sociale del suicidio............ 99

Fattori di rischio per il suicidio 99

Valutazione del rischio suicidio.. 100

IL SUICIDIO 101

Definizione 101

Causa di morte indeterminata 101

Considerazioni generali 101

Tasso di suicidio.. 102

Il rischio di suicidio 102

Suicidio nella popolazione di detenuti 103

Omicidio-suicidio 103

Infanticidio 103

CLASSIFICAZIONE DEI COMPORTAMENTI SUICIDARI
....105

Para-suicidio o tentato suicidio 105

Mancato suicidio o suicidio fallito 105

Suicidio riuscito o suicidio a compimento.................................105

Autopsia psicologica 106

Comportamenti suicidari strumentali 107

Comportamenti potenzialmente autolesivi 107

Comportamenti autolesivi o auto-lesività non suicidaria 107

Morti equivoche...108

CRITERI PER IL COMPORTAMENTO SUICIDARIO DEL DSM V 109

Disturbo del comportamento suicidario 110

EPIDEMIOLOGIA DEL SUICIDIO 111

Para-suicidio..111

Suicidio a compimento..111

Rischio di suicidio 112

Effetto domino del suicidio 113

TIPOLOGIE DI SUICIDIO GIOVANILE 133

La guerra contro sé stessi 133

Il suicidio dimostrativo o strumentale, tentativo 133

Il suicidio gioco ordalico..133

PREVENZIONE 143

Introduzione

Gli adolescenti[1] spesso non sono soddisfatti e soffrono di un'infelicità profonda, arrivando talvolta a coltivare come unico sogno quello di rompere con una realtà ostile, in segno di protesta.

Come possiamo aiutarli?

È possibile non commettere con i figli gli stessi errori che i nostri genitori hanno commesso con noi?

Possiamo avere coi figli un rapporto di amicizia?

I dati sui suicidi degli adolescenti, di per sé sconcertanti, non tengono conto dell'insieme dei tentati suicidi, dei cosiddetti para-suicidi, degli atti di autolesionismo e delle morti "lente" come l'anoressia nervosa, fenomeni che colpiscono la popolazione adolescenziale in misura maggiore rispetto ai comportamenti suicidari.

Nel rapporto *"Health for the world's adolescents"* l'OMS[2] evidenzia come nei giovani di tutto il mondo, di età compresa tra i 10 e i 19 anni, il suicidio sia la terza causa di morte dopo gli incidenti stradali e l'Aids. Difficile stabilire se in passato erano davvero numeri più contenuti o se erano maggiori le cause di morte per malattie ora curabili.

In un tale panorama la sindrome di *Hikikomori* rappresenta una condizione para-suicidaria che purtroppo talvolta conduce ad un suicidio a compimento. Si tratta di un fenomeno psico-sociale caratterizzato da un grave e totale ritiro da ogni contatto umano, che si è diffuso tra gli adolescenti giapponesi negli ultimi 15 anni. I ragazzi in questa situazione senza apparenti vie d'uscita possono giungere al suicidio.

---

[1] Ebert B.W. (1987), Guide to Conducting a Psychological Autopsy, Professional Psychology: Research and Practice, n.18 (1), pp. 52-56.
[2] Giornata mondiale di prevenzione dei suicidi, da Associazione Internazionale di Prevenzione dei Suicidi (IASP) Organizzazione Mondiale della Sanità (OMS),2014.

Dal 2013 il termine giapponese "hikikomori" è stato inserito tra i neologismi del nuovo Zingarelli[3] con il significato di "isolarsi", stare in disparte" «*riferito in particolare a chi decide di ritirarsi dalla vita sociale per lunghi periodi, rinchiudendosi nella propria camera da letto senza aver alcun tipo di contatto diretto con il mondo esterno*».

Tra gli adolescenti italiani si sono avuti suicidi[4] che possono essere ricondotti alla sindrome di *Hikikomori*, e secondo dati non ufficiali sarebbero circa 100.000 i ragazzi *Hikikomori* in Italia, pertanto è lecito supporre che questa grave condizione si stia diffondendo anche in occidente.

Pare esista una relazione con il Disturbo d'Ansia Sociale, con il *Workaholism* ossia con la dipendenza da lavoro di uno o di entrambi i genitori, e con lo *Studyholism* ossia la dipendenza da studio del ragazzo stesso.

In Italia il suicidio giovanile rappresenta, tra i giovani sotto i 21 anni, la seconda causa di morte dopo gli incidenti stradali, mentre i suicidi adolescenziali costituiscono il 10% dei circa 4000 suicidi totali che si consumano ogni anno.

Alcuni ragazzi[5] che si procurano la morte soffrono di gravi disturbi psichiatrici, altri di dipendenza da alcool e droghe o di gravi malattie, ma la maggioranza è costituita da ragazzi che soffrono di gravi malesseri esistenziali.

Questo dato angosciante certifica la fragilità e vulnerabilità dei giovani, testimonia le difficoltà incontrate dalla ragazza o dal ragazzo durante il suo percorso di crescita e d'identificazione, non solo, ma esprime un disagio dell'intera società che guarda sgomenta ed impotente. Mettere fine alla propria esistenza, desiderare la morte per incapacità a far fronte alle frustrazioni, anche minime, chiama il mondo adulto a un rinnovato impegno nell'ascolto dei giovani e nell'intervento educativo, per far nascere negli adolescenti un senso profondo della vita.

Ci chiediamo se questo disagio dilagante sia un fenomeno personale o collettivo, e da dove tragga origine. Gli adolescenti e i ragazzi provano intense sensazioni di stress, confusione, insicurezza, pressioni per il raggiungimento dei successi attesi, incertezze economiche e altri timori che si manifestano durante la crescita. Le condizioni dei vari ambienti sociali

---

[3] Lo Zingarelli Vocabolario della lingua italiana. 2013 ISBN-13: 978-8808226259.

[4] Suicide in young people aged 15-24: a psychological autopsy study Kelly Houston, Keith Hawton, Rosie Shepperd, febbraio 2000.

[5] Morton M. Silverman et al. 1- 2007 e Morton M. Silverman et al 2 - 2007.

influiscono sugli atti compiuti dal singolo[6] e, in funzione di essi varia anche il suicidio, dimostrando come il numero complessivo dei suicidi che si registrano in un dato anno in una data società è in relazione con il grado di integrazione sociale che la società stessa consente. Quindi, un fatto così personale come il suicidio viene visto come fenomeno collettivo.

Forse il venir meno delle certezze tradizionali: la famiglia, la religione, la Patria, porta i giovani a vivere sempre più diffusamente un senso di precarietà anche etica, o di relativismo che non ha mai avuto eguali, ma in una realtà quella attuale sovraccarica di stimoli.

La fragilità[78] dell'adolescente, l'esasperata ricerca di gratificazione e di bisogni insostenibili, predicati dalla società dell'immagine e dei consumi, mette l'adolescente di fronte alla sua personale inadeguatezza rispetto ad una cultura che promette tanto, ma mantiene poco.

Spesso viene meno il sostegno della famiglia, che si disgrega per divorzi e separazioni, ora più che mai sia i ruoli nella famiglia, che l'identità di genere[9] sono messi apertamente in discussione. Viene meno il modello di uomo e di donna a cui rapportarsi, solo in modo apparente questa maggior eterogeneità rappresenta un vantaggio per l'adolescente, di fatto diventa difficile la reciprocità, la complementarità, il sostegno, i riferimenti chiari ed autorevoli[10].

Una certa superficialità ed ipo-criticità nella gestione dei problemi, unita ad una trasgressività esibita ed apparente, non aiutano la crescita.

C'è una grande fragilità relativa alla dipendenza dagli altri, in particolare sono le aspettative dei genitori troppo elevate, implicitamente elevate che creano costante stato di tensione. Anche la ricerca di sé della propria individualità[11] tipica dell'adolescenza si confronta con modelli di fatto non raggiungibili.

Spesso il disagio e il cammino verso il suicidio sono silenziosi e non visibili agli altri.

---

[6] Durkheim E. (1897): Il Suicidio, Biblioteca Universale Rizzoli, Milano 1987.

[7] Giornata mondiale di prevenzione dei suicidi, da Associazione Internazionale di Prevenzione dei Suicidi (IASP) Organizzazione Mondiale della Sanità (OMS),2014.

[8] Suicide in young people aged 15-24: a psychological autopsy study Kelly Houston, Keith Hawton, Rosie Shepperd, febbraio 2000.

[9] La sessualità umana e fisiopatologia sessuale" in "come e perché amiamo" con LUDES, Aceranti A et al. 2013.

[10] Bowlby,John Costruzione e rottura dei legami affettivi 2007.

[11] Shore, Allan N. "I disturbi del sé. La disregolazione degli affetti", 1994.

Gli adolescenti lanciano continui messaggi relativi alla loro sofferenza. I segnali che i genitori potrebbero cogliere tempestivamente[12] sono:

- cambiamento nelle abitudini alimentari repentino,
- calo ponderale o aumento ponderale in poco tempo,
- cambiamento nelle abitudini del sonno o insonnia persistente,
- posizione di ritiro[13] rispetto agli amici,
- posizione di ritiro rispetto ai famigliari,
- posizione di ritiro rispetto alle attività abituali,
- isolamento sociale,
- azioni violente,
- comportamenti ribelli,
- comportamenti di fuga da casa,
- uso di droghe,
- uso di alcol inusuale,
- trascuratezza nell'aspetto personale,
- marcati cambiamenti di personalità,
- noia insolita mai provata in precedenza,
- persistente difficoltà di concentrazione,
- calo nel rendimento scolastico o fobia scolastica,
- frequenti lamentele riguardanti dolori e malesseri fisici, spesso legati ad emozioni quali in particolare il mal di stomaco, la nausea, i crampi intestinali, le cefalee e l'affaticamento,
- perdita d'interesse per attività ritenute, in precedenza, piacevoli,
- intolleranza verso le lodi e i riconoscimenti,
- crisi di rabbia apparentemente immotivata agita verso oggetti che vengono scagliati o presi di mira.

Questi ed altri sono i segnali che dobbiamo raccogliere per cercare di prevenire ed alleviare il disagio[14] nell'adolescenza. Non ci sono ricette o terapia universalmente riconosciute valide per il male di vivere proprio degli adolescenti, possiamo però restare accanto, supportare e condividere. La sindrome di Hikikomori di cui si tratta in questo saggio è una esemplificazione di un disagio più grande e profondo. Interessa perché è

---

[12] Suicidal Behavior in Children and Adolescents, Barry M. Wagner, Yale University Press; 1 edition (October 27, 2009).

[13] Tustin F. "Protezione autistiche nei bambini e negli adulti" Raffaello Cortina Editore 1990.

[14] "Genitori quasi perfetti, stili parentali tra pedagogia e psicologia" A. Aceranti, S. Vernocchi. ISBN 9781976115271. Agosto 2018.

nuova, descritta di recente, piuttosto frequente in Giappone ed ora anche in Europa, legata ai social ed alla tecnologia.

Nella descrizione e nella fisiopatologia delle varie fasi potremo ritrovare comportamenti e caratteristiche proprie dei nostri figli, dei nostri amici, dei nostri giovani, dei nostri studenti.

Magari nessuno di loro presenterà tutti i criteri per soddisfare la diagnosi della sindrome conclamata, ma vedremo che alcuni tratti sono molto comuni, e di fatto potremmo considerare alcuni comportamenti molto frequenti come tentativi di sfuggire dall'Hikikomori, di trovare un rimedio di vincere la fobia sociale, di tornare ad avere un briciolo di normalità e di relazioni interumane vere.

Millenials visti da un millenial

Yuri Cerasa

Le aspettative di realizzazione sociale sono una spada di Damocle per tutte le nuove generazioni degli anni 2000: c'è chi riesce a sopportare la pressione della competizione scolastica e lavorativa e chi, invece, molla tutto e decide di auto-escludersi, sfuggire al confronto ed alla competizione cercando rifugio.

Millenials

Generazione X è una locuzione diffusa nel mondo occidentale per descrivere la generazione di coloro che, approssimativamente, sono nati tra il 1960 e il 1980, con *Millennial Generation* si indica la Generazione Y che ha seguito la Generazione X.

Coloro che ne fanno parte –detti Millennials– sono nati fra i primi anni '80 e la fine degli anni '90.

La generazione Y è caratterizzata da un maggiore utilizzo e una maggiore familiarità con la comunicazione, i media e le tecnologie digitali. In molte parti del mondo, l'infanzia di questi ragazzi è stata segnata da un approccio educativo tecnologico e neo-liberale derivato dalle profonde trasformazioni degli anni sessanta.

Nel linguaggio giornalistico italiano il termine Millennials viene talvolta usato, in modo errato, per indicare i nati dal 2000 in poi.

Talvolta questi ragazzi sono stati descritti in modo frettoloso e superficiale come difficili da gestire, narcisisti, egoisti, pigri, dispersivi. Vogliono lasciare il segno e lavorare in un ambiente lavorativo che gli faccia raggiungere degli obiettivi.

Ma per qualche ragione non sono felici perché a tutto ciò manca un pezzo.

Se andiamo ad analizzare questo macro-pezzo mancante lo si potrebbe descrivere con le 4 caratteristiche fondamentali che lo compongono: i genitori, la tecnologia, l'impazienza e l'ambiente.

Molti Millenials sono cresciuti sotto l'effetto di strategie fallimentari di educazione familiare. Questi figli speciali potrebbero avere tutto. Gli si concede tutto perché sono spesso figli unici, e sono speciali. Poi scoprono in un istante di non essere speciali. E in un attimo l'idea che hanno di sé stessi va in frantumi. I livelli di autostima passano da uno stato di iper-valutazione ad uno di svalutazione.

A questo si aggiunge la possibilità di modificare il proprio profilo grazie a Facebook e ad Instagram, per nascondere le emozioni. O forse Non sanno di essere depressi, non mostrano la propria depressione, paiono felici. Ed ora aggiungiamo la tecnologia.

Il circuito del piacere si attiva grazie alle esperienze piacevoli. Accedere ai social attiva questo circuito. Ecco quando riceviamo un messaggio avvertiamo una bellissima sensazione. Mandi 10 messaggi a 10 amici: "Ciao. Ciao. Ciao. Ciao" Perché? Perché è una bella sensazione! E quando ti rispondono, no?! È per questo che contiamo i *like*, che torniamo 10 volte per vedere, e se il mio *instagram* cresce poco mi chiedo: *che è successo? Ho fatto qualcosa di sbagliato? Non piaccio più?*

Pensiamo a quale trauma per un ragazzino quando qualcuno gli toglie l'amicizia? In altre parole, si attiva il circuito del piacere che crea molta dipendenza. Abbiamo limiti di età per fumare e scommettere e per l'alcol, ma niente limiti d'età per i social media e i cellulari. Che è come aprire lo scaffale dei liquori e dire ai nostri figli adolescenti: *ehi, se ti senti giù per questo tuo essere adolescente fai pure...* Ed è in pratica questo che succede, succede così. Un'intera generazione che ha accesso ad un intorpidimento che crea dipendenza da sostanze chimiche attraverso i cellulari durante un periodo di alto stress come l'adolescenza. E perché è importante? Quasi tutti gli alcolisti hanno scoperto l'alcol quando erano adolescenti. Quando si è molto giovani, l'unica approvazione che serve è quella dei genitori. Ma durante l'adolescenza c'è questa transizione e passiamo ad avere bisogno dell'approvazione dei nostri pari. Molto frustrante per i nostri genitori, molto importante per noi.

Aggiungiamo un senso d'impazienza. Le gratificazioni sono istantanee. Vuoi comprare qualcosa? Vai su Amazon e il giorno dopo arriva. Vuoi vedere un film? Ti *logghi* e guardi un film, non vai a vedere gli orari dei film al cinema. Vuoi un appuntamento? Non devi avere particolari capacità relazionali o da latin lover devi solo scaricare una app scorrere col dito e scegliere la ragazza che ti piace ed è fatta. Non hai bisogno di imparare i meccanismi sociali. Tutto ciò che vuoi lo puoi avere subito!

Le gratificazioni sul lavoro, la stabilità di relazioni, l'amore per queste non esiste un 'app. Sono processi lenti, oscuri, spiacevoli ed incasinati. È come se dovessi scalare una montagna, non importa se la scali lentamente o velocemente, ma c'è una montagna.

Per le cose che sono davvero importanti come l'amore, la gratificazione sul lavoro, la felicità, l'amore per la vita, la sicurezza in sé stessi, per tutte queste cose ci vuole tempo. A volte si possono accelerare dei pezzi, ma il percorso completo è arduo, lungo e difficile. E se non chiedi aiuto ed impari quelle abilità cadrai da quella montagna.

La sindrome di Hikikomori

Terminologia e definizione

Hikikomori è un termine giapponese 引きこもり che letteralmente vuole dire "ritiro, nel senso di stare in disparte, isolarsi", per indicare coloro che hanno fatto la scelta di ritirarsi dalla vita pubblica, sociale, cercando livelli estremi di isolamento[15]. *Hikikomori" deriva da **hiku** (indietreggiare) e **komoru** (ritirarsi) e si utilizza sia per definire chi si costringe all'isolamento sociale sia il fenomeno in sé.*

Questo desiderio di ritiro ricorda un po' i monaci, gli eremiti, le suore di clausura, ed anche Gesù che è stato, prima di affrontare la vita pubblica, per 40 giorni nel deserto a digiunare e meditare.

Forse qualche monaco e digiunatore è anche morto di sete o di insufficienza renale.

Ma tutto questo ha a che fare con il fenomeno a cui stiamo assistendo?

Il termine è stato coniato in Giappone, ove la grande pressione sociale verso l'autorealizzazione ed il successo personale, condizionano e forse opprimono l'individuo fin dall'adolescenza.

La scelta del ritiro dalla vita sociale ha quindi in questo contesto un significato[16] meno personale.

Faccio *Hikikmoori*, "voglio stare in disparte, isolarmi, staccarmi dagli altri, dal mondo", la vita, questa giovane ed unica vita, sarà vissuta in completo isolamento, cercando o trovando un significato nella piena solitudine di una stanza a volte completamente sigillata ed oscurata.

Possiamo definirla una condizione psico-sociale, riguardante bambini, adolescenti e giovani adulti al di sotto dei 30 anni, che si caratterizza per una forma estrema di ritiro sociale, evitando qualsiasi coinvolgimento sociale[17]. Le persone con *Hikikomori* generalmente si chiudono, a volte ermeticamente nella propria stanza, da cui non escono neppure per

---

[15] Ricci, C. (2011). *Hikikomori e adolescenza: Fenomenologia dell'autoreclusione.* Milano, Italia: Mimesis Edizioni.

[16] Ricci, C. (2009). *Hikikomori – Narrazioni da una porta chiusa.* Roma, Italia: Aracne.

[17] Moretti, S. (2010). Hikikomori. La solitudine degli adolescenti giapponesi. *Rivista di Criminologia, Vittimologia e Sicurezza, 4(3),* 41-48.

alimentarsi, riducono al minimo le esigenze fisiologiche, interrompono volontariamente i rapporti con gli altri[18][19].

La storia

Il termine *Hikikomori* è stato utilizzato per la prima volta nel 1985 da Tomita Fujiya (scrittore di libri per bambini, giapponese vivente) e ripreso nel 1998 da Saitō Tamaki (1964, vivente, psichiatra dell'adolescenza, giapponese), quando pubblicò il primo libro sul fenomeno dell'*Hikikomori*[20].

È proprio a Saitō Tamaki che si deve l'uso del termine con l'attuale accezione. Grazie alla esperienza diretta con i ragazzi che venivano presi in carico dal servizio sanitario nazionale o nelle cliniche private convenzionate, Saitō Tamaki[21] definì l'*Hikikomori* come:

> *uno stato di completo ritiro sociale che persiste per almeno sei mesi e che ha un esordio tra i 18 ed i 30 anni, specificando inoltre che la condizione di isolamento non costituisce il sintomo primario di altri disturbi psichiatrici.*

Classificazione

Potremmo distinguere tra *Hikikomori* primario e secondario.

Nel Hikikomori *primario* la condizione di reclusione volontaria non può essere descritta facendo riferimento alle categorie diagnostiche presenti all'interno né del DSM-IV-TR[22], dell'ICD-10[23], e nemmeno nel DSM-5[24] è presente alcun riferimento a questa sindrome.

---

[18] Ricci, C. (2011). *Hikikomori e adolescenza: Fenomenologia dell'autoreclusione.* Milano, Italia: Mimesis Edizioni.

[19] Ricci, C. (2008). *Hikikomori: Adolescenti in volontaria reclusione.* Milano, Italia: FrancoAngeli.

[20] Tajan, N. (2015). Social withdrawal and psychiatry: A comprehensive review of Hikikomori. *Neuropsychiatrie de l'Enfance et de l'Adolescence, 63,* 324-331.

[21] Saitō, T. (1998). *Shaikaiteki hikikomori* Owaranaishishunk [Hikikomori: Adolescence without end]. Tokyo: PHP Kenkyuujo.

[22] American Psychiatric Association [APA] (2002). *DSM-IV-TR. Diagnostic and statistical manual of mental disorders (4th d.). Text Revised.* Washington, DC: APA.

[23] Organizzazione Mondiale della Sanità [OMS], 1992.

[24] American Psychiatric Association (2013). *DSM-5. Diagnostic and statistical manual of mental disorders (5th d.).* Washington, DC: APA.

Nel Hikikomori *secondario* la reclusione e l'esclusione sociale sono conseguenza di un altro disturbo psichiatrico, come le fobie sociali, i disturbi dell'umore, i disturbi pervasivi dello sviluppo, i disturbi d'ansia e il disturbo ossessivo-compulsivo[25].

Secondo alcuni le persone con questa sindrome presentano disturbi psicologici[26] che spieghino l'auto-reclusione.

Diffusione

Forse alla luce del dilagare del fenomeno oltre i confini del Giappone, può essere necessaria una diagnosi psichiatrica nuova, ossia una nuova patologia nella sezione del DSM V dedicata per esempio alle sindromi culturali[27].

Il fenomeno è stato studiato anche in altri Paesi[28], tra cui l'Italia, la Spagna[29] e gli Stati Uniti[30] sebbene si debba tener presente che i casi di *Hikikomori* al di fuori del contesto giapponese sono interpretati, studiati e classificati in base alla cultura specifica di ogni Paese.

In Korea[31] l'*Hikikomori* è considerato una forma di ritiro sociale che persiste per almeno 3 mesi, associato a disturbi mentali, quali: depressione, ansia, disturbo post-traumatico da stress e dipendenza da Internet.

Negli Stati Uniti[32] la compresenza di altre patologie psichiatriche è elevata, la condizione di *Hikikomori* può essere vista come una strategia di fuga che mira a ridurre lo stato di ansia e di fobia sociale.

---

[25] Suwa, M., & Suzuki, K. (2013). The phenomenon of hikikomori (social withdrawal) and the socio-cultural situation in Japan today. *Journal of Psychopathology, 19*, 191-198.

[26] Tajan, N. (2015). Social withdrawal and psychiatry: A comprehensive review of Hikikomori. *Neuropsychiatrie de l'Enfance et de l'Adolescence, 63*, 324-331.

[27] Suwa, M. (2012). Hikikomori and Japanese Culture. Possible contributing factors of Hikikomori. Kenkô iryô kagaku kenkyû, 2, 85-88.

[28] Suwa, M., & Suzuki, K. (2013). The phenomenon of hikikomori (social withdrawal) and the socio-cultural situation in Japan today. Journal of Psychopathology, 19, 191-198.

[29] García-Campayo, J., Alda, M., Sobradiel, N., & Sanz Abós, B. (2007). Un caso de Hikikomori en España. Medicina Clínica, 129(8), 318-319.

[30] De Michele F., Caredda M., Delle Chiaie R., Salviati M., & Biondi M. (2013).

[31] Lee, Y. S., Lee, J. Y., Choi, T. Y., & Choi, J. T. (2013). Home visitation program for detecting, evaluating and treating socially withdrawn youth in Korea. Psychiatry and Clinical Neurosciences, 67, 193-202.

In alcuni Paesi l'*Hikikomori* è legato a valori religiosi e viene interpretato come la manifestazione di una possessione demoniaca, sviluppata da persone che non sono capaci di comunicare mediante altre modalità, uno studio condotto in Oman[33] sostiene questo punto di vista.

Epidemiologia

Suddividendo la popolazione dei pazienti tra i 10 e i 49 anni, in fasce d'età di 4 anni ciascuna per un totale di 8 fasce[34] emerge che l'*Hikikomori* può esordire già a partire dai 10 anni, fino ai 40 anni. La maggior incidenza si colloca fra i 15 e i 19 anni[35] quindi durante l'adolescenza. Le ragazze colpite dalla sindrome[36] presentano caratteristiche più sfumate con periodi di ritiro più brevi e meno estremi.

Il rapporto maschi e femmine è 9:1, preponderante quindi la prevalenza maschile ed in particolare oltre i 2 terzi dei pazienti sono primogeniti. Nei soggetti non primogeniti di solito il fratello, o più spesso la sorella maggiore, sono nati 10 anni prima ed oltre.

Vogliamo enfatizzare il fatto che si tratta comunque di figli cresciuti soli, come fossero figli unici su cui si sono concentrate le attenzioni della madre, senza elementi di resilienza presenti in famiglia.

Di solito nelle famiglie la presenza di un fratello o di una sorella con cui condividere il carico emotivo in presenza di situazioni oggettivamente pesanti come separazioni, lutti, depressioni, comportamenti violenti da parte dei genitori, viene considerato un elemento protettivo. La presenza di un nonno, uno zio, un cugino empatico con il fanciullo, hanno pure una valenza protettiva.

---

[32] Teo A. R. (2010). A new form of social withdrawal: A review of hikikomori. International Journal of Social Psychiatry, 56(2), 178-185.

[33] Sakamoto, N., Martin, R. G., Kumano, H., Kuboki, T., & Al-Adawi, S. S. (2005). Hikikomori, is it a culture reactive or culture-bound syndrome? Nidotherapy and a clinical vignette from Oman. *International Journal of Psychiatry in Medicine, 35*(2), 191-198.

[34] Koyama, A., Miyake, Y., Kawakami, N., Tsuchiya, M., Tachimori, H., & Takeshima, T. (2010). Lifetime prevalence, psychiatric comorbidity and demographic correlates of Hikikomori in a community population in Japan. *Psychiatry Research, 176(1)*, 69-74.

[35] Ricci, C. (2009). *Hikikomori – Narrazioni da una porta chiusa.* Roma, Italia: Aracne.

[36] Ricci, C. (2011). *Hikikomori e adolescenza: Fenomenologia dell'autoreclusione.* Milano, Italia: Mimesis Edizioni.

Altri elementi di resilienza che vengono meno nelle famiglie in cui i ragazzi sviluppano la sindrome sono l'amore per l'arte, lo sport, la musica o qualsiasi altra attività culturale che possa vicariare l'assenza di una figura empatica: difficilmente un fanciullo con numerosi interessi e ben inserito ad esempio in oratorio o in un club sportivo o nello scautismo sviluppa la sindrome.

Quanto sia diffusa la sindrome non ci è noto. Certo se teniamo conto delle varie fasi o stadi in cui si evolve, dalla fobia per la scuola alla sindrome conclamata[37] allora possiamo addirittura giungere al 10% dei ragazzi maschi dai 14 ai 19 anni.

[37] Ricci, C. (2009). *Hikikomori – Narrazioni da una porta chiusa*. Roma, Italia: Aracne.

La famiglia dei ragazzi con sindrome di Hikikomori

Il ruolo della famiglia

La famiglia dell'Hikikomori[38] è disfunzionale, e nello specifico risulta incapace di preparare i fanciulli all'indipendenza.

La famiglia dell'Hikikomori giapponese appartiene ad un ceto sociale medio-elevato e questo fatto ha reso questi ragazzi al centro di dibattiti e polemiche più di quanto non lo sarebbe stato se fossero stati figli di gente qualunque.

Padre e madre

I Padri si preoccupano del mantenimento economico della famiglia. La crisi[39] che ha colpito il Giappone dopo il 2008 ha reso più prezioso il lavoro ed i ritmi di lavoro più pressanti.

La maggior parte dei padri dei ragazzi con la sindrome conclamata sono laureati, magari in Università prestigiose, con una posizione sociale rilevante. Pur non essendo fisicamente presenti perché fuori di casa per la maggior parte del tempo per lavoro, sul piano psicologico la loro influenza è grande. L'esempio del padre incombente determina un sentimento di inferiorità e di inadeguatezza persistenti nel fanciullo: *non sarai mai come tuo padre! Non sarò mai come lui!*

Mantenere la propria famiglia ed assicurarle benessere economico è in tutte le società motivo di orgoglio, ogni padre è fiero di ciò. Nella società giapponese è motivo di disonore non riuscire a compierlo e dovere morale primario nei confronti della propria famiglia.

Le madri più spesso sono casalinghe, di solito laureate, o diplomate ma non lavorano e riversano sul figlio unico tutte le loro cure, ed attenzioni[40].

---

[38] Furlong, A. (2008). The Japanese hikikomori phenomenon: Acute social withdrawal among young people. *The Sociological Review*, 56(2), 309-325.

[39] Borovoy, A. (2008). Japan's hidden youths: Mainstreaming the emotionally distressed in Japan. *Culture, Medicine, and Psychiatry*, 32, 552-576.

spesso non hanno la percezione del problema, e sono anzi riluttanti a definire patologia ciò che per certi aspetti è un ritiro nella casa, un ritorno nel grembo materno. Il loro prezioso unico figlio resta tra le mura domestiche di fatto 24 su 24, 7 giorni su 7, 365 giorni su 365. La madre[41] è iperprotettiva e di fatto tende a gestire totalmente la vita del figlio.

Il figlio viene spesso idealizzato, vi si investono attenzioni ed aspettative. Tra madre e figlio si instaura un legame fusionale, che porta la madre a riversare sul figlio i propri bisogni e le proprie emozioni, il legame può ostacolare lo sviluppo di indipendenza e autonomia, il tutto favorito dalla lontananza della figura paterna.

La dipendenza dal lavoro

In letteratura è stato riportato come i ragazzi Hikikomori giapponesi abbiano generalmente un genitore, di solito il padre, con alto investimento nel lavoro[42] fattore che potrebbe in qualche modo favorire l'Hikikomori nei figli. La «dipendenza da lavoro» definito *Workaholism*, si riscontra sia nel padre che nella madre considerato il contesto occidentale, caratterizzato dal lavoro anche femminile.

Sebbene la dipendenza da lavoro sia stata studiata anche in passato, il mondo digitale di oggi aggiunge davvero una nuova dimensione a questo concetto. Le tecnologie come smartphone, tablet, PC offrono l'opportunità di lavorare da qualsiasi luogo, in qualsiasi momento e per alcune persone, questo significa lavorare sempre. La possibilità di portare a casa il lavoro offusca il confine tra lavoro e tempo libero, e alcune persone si sentono in dovere di continuare a lavorare a lungo, oltre il tempo di chiusura ufficiale. Spesso in certi ambiti lavorativi di responsabilità o da chi lavora nella relazione d'aiuto, ci si aspetta disponibilità totale: di sera, nei fine settimana e persino durante le vacanze.

D'altra parte, se consideriamo gli imprenditori o i lavoratori autonomi, talvolta perdere o non rispondere ad una chiamata importante, non rispondere ad un'e-mail in modo sufficientemente veloce può equivalere a perdere un cliente, una commessa, quindi a una perdita di entrate. Il modo di dire "il tempo è denaro" deve farci riflettere.

---

[40] Moretti, S. (2010). Hikikomori. La solitudine degli adolescenti giapponesi. *Rivista di Criminologia, Vittimologia e Sicurezza, 4(3)*, 41-48.

[41] Ricci, C. (2014). *La volontaria reclusione. Italia e Giappone: Un legame inquietante*. Roma, Italia: Aracne.

[42] Ishikida, M.Y. (2005). Japanese education in the 21st century. *School-Related Problem, 4*, 122-125.

La maggior parte dei ricercatori definisce un maniaco del lavoro come una persona che lavora in modo eccessivo e compulsivo e non è in grado di staccarsi dal lavoro. Tracciare il confine tra *dipendenza da lavoro* ed essere un *grande lavoratore* può non essere facile. Nella nostra società il lavoro è un bene prezioso, il tasso di disoccupazione al febbraio 2019 in Italia è al 10,7%, ossia la frazione tra il numero delle persone che cercano lavoro ed il totale degli occupati. Ci sono molti sottoccupati, e dopo aver perso il lavoro, trovare lavoro dopo i 45-50 anni può non essere facile.

Lo studio[43] norvegese, uno dei primi e che ha coinvolto un grande numero di partecipanti, intervistando 16.426 lavoratori, ha concluso che circa l'8,3% della forza lavoro norvegese è dipendente dal lavoro.

Le persone identificate come maniache del lavoro presentano tre tratti caratteristici che possono essere riassunti come segue:

- compiacenza, altruismo e modestia,
- impulsività, nevrosi e pignoleria,
- inventiva, dinamicità e immaginazione.

Il Manuale[44] Diagnostico e Statistico DSM V non riconosce ancora la dipendenza dal lavoro come una patologia, ossia non viene classificata come invece lo sono l'alcolismo o le droghe, pur riconoscendo la necessità di ulteriori studi.

I ricercatori norvegesi[45] del Dipartimento di Scienze psicosociali dell'Università di Bergen hanno identificato alcuni sintomi specifici che sono caratteristici dei maniaci del lavoro creando una scala di valutazione.

Riportiamo di seguito i sette criteri individuati per valutare la probabilità che un individuo possieda una dipendenza da lavoro.

1. Pensa a come puoi ritagliarti più tempo per lavorare.

2. Trascorri molto più tempo a lavorare di quanto inizialmente previsto dal contratto.

3. Lavori per ridurre i sensi di colpa, ansia, impotenza e/o depressione.

4. Ti è stato detto da altri, colleghi, superiori di ridurre il tempo dedicato al lavoro ma non li hai ascoltati.

5. Ti senti stressato se ti viene proibito di lavorare.

---

[43] Andreassen, C. S., Griffiths, M. D., Sinha, R., Hetland, J., & Pallesen, S.: *The Relationship Between Workaholism and Symptoms of Psychiatric Disorders: A Large-Scale Cross-Sectional Study.* PLOS One, 2016.

[44] DSM V Manuale Diagnostico e Statistico dei Disturbi Mentali I edizione 2014, Raffaello Cortina Editore.

[45] Andreassen, C. S., Griffiths, M. D., Sinha, R., Hetland, J., & Pallesen, S.: *The Relationship Between Workaholism and Symptoms of Psychiatric Disorders: A Large-Scale Cross-Sectional Study.* PLOS One, 2016.

6. A causa del tuo lavoro, riduci drasticamente gli hobby, le attività del tempo libero e/o l'esercizio fisico.

7. Lavori così tanto da influenzare negativamente la tua salute.

La maggior parte di queste caratteristiche sono presenti nei padri e talvolta nelle madri dei ragazzi con Hikikomori. È quindi evidente di come un genitore immerso a tal punto nel proprio lavoro non sia in grado di riconoscere il disagio nel proprio figlio tanto più se questi trascorre tutto il tempo chiuso nella sua camera.

La dipendenza dallo studio

I ragazzi Hikikomori presentano un buon livello di intelligenza ed istruzione, spesso sono i primi della classe, e presentano una forte pressione a studiare. È proprio prima degli esami di ammissione all'Università che molti cadono in Hikikomori ed è stato coniato il termine di *Studyholism* o «dipendenza dallo studio», recentemente[46] osservato da ricercatori italiani Looscalzo e Giannini. Queste ricerche sui fattori antecedenti lo sviluppo della sindrome potrebbero risultare di fondamentale importanza sia a fini diagnostici sia per interventi di counseling e psicoterapia.

La primogenitura

Nella struttura familiare tradizionale giapponese i primogeniti sono investiti di maggiori responsabilità sia di realizzazione personale che di mantenimento della famiglia di origine[47]. Anche in molte delle nostre famiglie sui primogeniti, e spesso unici figli, si riversano le attese dei genitori, i sentimenti di riscatto nei confronti della propria famiglia d'origine, e si proiettano i propri sogni.

…Mio figlio farà tutto quello che io non ho potuto fare, perché non avevo i mezzi, il denaro, le occasioni, il tempo, nessuno mi aveva spronato, nessuno aveva creduto davvero in me, ora io posso credere in lui, posso spronarlo, lui farà ciò che io non ho fatto!

---

[46] Loscalzo, Y., & Giannini, M. (2015b). Prevenzione del disturbo d'ansia sociale in adolescenza. Proprietà psicometriche dell'Adolescents' Interpretation and Belief Questionnaire (AIBQ). *Counseling. Giornale Italiano di Ricerca e Applicazioni, 8*(2).

[47] Saitō, T. (1998). *Shaikaiteki Hikikomori:* Owaranaishishunk [Hikikomori: Adolescence without end]. Tokyo: PHP Kenkyuujo.

Magari lui, il figlio, non ne ha voglia, non è incline, non ha la stessa passione, non ritiene che questa sia semplicemente la sua strada...ma il genitore ci prova comunque, la tentazione è forte, difficile non provarci.

Nei confronti dei nonni è sottinteso l'assunto: *io ho fallito come figlio, e sono espressione del tuo fallimento come genitore, mostro a te il successo dei miei figli, indice che come genitore non ho fallito.* Questo condiziona l'atteggiamento dei genitori verso il figlio: una richiesta implicita di successo, di eccezionalità, che crea sul figlio una pressione costante, indescrivibile.

Fintanto che il ragazzo regge, fila tutto liscio, interiorizza e fa «suo» il desiderio di successo genitoriale, pare felice e soddisfatto di emulare il padre, sente questa missione come un dovere morale.

I primi fallimenti

Al primo ostacolo vero, al primo insuccesso, se il figlio non è in grado di mantenere il solito standard elevato può avvenire il crollo. È sufficiente un «piccolo» insuccesso, non è necessario un fallimento totale, una piccola *defaiance* specie se pubblica può far scricchiolare la fragile struttura del fanciullo.

La madre iper-apprensiva, ansiosa ed insicura non aiuta il fanciullo a superare la sua sconfitta.

La famiglia «base sicura» di Bowlby[48] serve a questo. La madre «sufficientemente buona» di Winnikot[49] dovrebbe essere un supporto empatico nelle difficoltà. Il fallimento, l'errore, la mancanza devono poter essere sperimentate dal ragazzino in ambiente protetto. La deviazione della regola[50] non deve mettere a rischio il rapporto in sé. Anzi nella famiglia si può sperimentare l'errore, la violazione della regola, e la punizione se proprio necessaria, non deve incrinare il rapporto o sgretolare la persona. La crescita prevede anche la caduta, il fallimento, i tentativi, il reciproco aiuto, l'empatia, la condivisione.....

L'imbarazzo e l'empatia

Nel caso dei primi fallimenti il bimbo sperimenta l'imbarazzo: lo sguardo materno dovrebbe essere sufficiente per comunicare il disappunto per il fallimento o la trasgressione dalla regola, questa sarà la punizione.

Se il bimbo mostra imbarazzo[51] per la propria incapacità nello svolgere un compito o nell'attenersi ad una regola o nel rispettare un limite la madre

---

[48] Bowlby,John "Una base sicura" 1989.
[49] Winnicot, D.W. "Dal Luogo delle Origini" nel 1971.
[50] Klein, Melanie, "Amore, odio e riparazione" 1937.
[51] "Neurofisiologia e psicobiologia delle emozioni" con A Aceranti, A Ferrante, di EFBI novembre 2015.

dovrà avere comprensione per la circostanza, essere empatica verso lo stato d'animo del figlio. L'imbarazzo del figlio dovrebbe essere una punizione sufficiente.

Ad esempio: nostro figlio sta imparando ad andare in bicicletta, cade si sbuccia un ginocchio, o si sporca, è normale che accada, non ha senso punirlo, il suo rammarico sarà sufficiente come «punizione».

Oppure sta imparando a scrivere, commette qualche errore in un dettato: il suo dispiacere dovrebbe essere una punizione sufficiente che non richiede ulteriore enfasi o ricarico.

L'empatia materna dovrebbe accogliere l'imbarazzo del figlio e cercare di contenerlo.

Genesi del ricatto affettivo

Se il fallimento riguarda un fatto privato: è bene sia gestito in modo contenuto, privato, a porte chiuse. Ad esempio, il bimbo ha fatto pipì a letto, troppo emozionato, troppo stanco…può capitare. È un fatto privato, è bene che resti privato.

Se estremizzo[52] o spettacolarizzo la cosa rendendola da fatto privato madre-figlio fatto pubblico introduco un elemento di «esibizione» che poi dovrò in qualche modo gestire.

Se punisco o umilio o sgrido o mi arrabbio lego una funzione fisiologica ad una emozione di rabbia, paura, ansia che potrà reprimere le funzioni fisiologiche creando ulteriori problemi che poi dovrò affrontare.

Se chiedo che si tenga pulito in cambio di qualche favore, o regalo, introduco la dimensione del baratto che non dovrebbe avere luogo nelle funzioni fisiologiche che sono naturali e non legate *al dare per avere*.

Se in questo «baratto» ci metto da un lato anziché un oggetto, o un regalo, l'affetto, e dall'altro la cosa che voglio ottenere, nel nostro esempio il tenersi pulito, carico lo scambio di una connotazione emotiva importante, gettando le basi del ricatto affettivo.

«Se non ti tieni pulito non ti voglio più ti rifiuto».

La dichiarazione di rifiuto non deve necessariamente essere esplicitata o verbalizzata, anzi i bimbi comprendono molto bene il linguaggio non verbale, capiscono al volo le intenzioni del *care-giver*.

Il ricatto affettivo è una forma di manipolazione affettiva che coinvolge la sfera emotiva della persona, in questo caso del fanciullo ad opera del care-giver, la persona non è rispettata, ma raggirata, il care-giver fa leva su sentimenti di colpa e di vergogna per assoggettarla.

---

[52]"La manipolazione mentale al femminile" a cura di Casale, De Pasquali, Esposito, Lembo Maggioli Editore Luglio 2015.

Vergogna e senso di colpa

La vergogna di solito richiama una dimensione pubblica: la presenza di un terzo, di uno spettatore di fronte al quale il bimbo sarà svergognato.

Una certa vergogna[53] è fisiologica, se ci accade di non essere all'altezza di una situazione, proviamo disagio, imbarazzo e vergogna.

Se l'umiliazione è grave e l'organismo è giovane con un sé non ancora ben consolidato ne deriva una ferita nel narcisismo del bimbo. Se la vergogna diventa intollerabile si parla di vergogna tossica. La vergogna tossica[54] impedisce alla persona di ripresentarsi in pubblico dopo una *defaiance*, può indurre al suicidio, a desiderare di essere morto, al ritiro sociale.

Il senso di colpa invece ha a che fare con la trasgressione in sé, con la disobbedienza alla «voce rimproverante interna» che rappresenta il *dictat* genitoriale.

Una certa dose di senso di colpa è normale, direi fisiologica: siamo dispiaciuti di aver ferito una persona amata.

Quando il senso di colpa paralizza la persona, diventa continuo, impedisce una vita serena allora si parla di senso di colpa pervasivo.

Elementi essenziali del ricatto affettivo

Nel ricatto affettivo si realizza di fatto una minaccia, diretta ma più spesso indiretta, di punizione, nel caso non siano rispettate le attese materne, e viene messo in discussione il rapporto stesso nella sua dimensione affettiva: la paura di perdere l'amore del genitore. Si verifica inoltre un senso di colpa pervasivo che paralizza, impedisce la libera scelta, e prerequisito è la sottomissione psicologica, al genitore. Perché il ricatto affettivo abbia luogo è necessario quindi un rapporto di amore e di dipendenza psicologica.

Il ricatto affettivo[55] di solito si associa al doppio legame[56] e ad altre modalità patologiche della relazione come l'ipercontrollo, il rifiuto, la cecità emotiva, il disprezzo. Riassumendo perché si strutturi un ricatto affettivo è necessaria una sequenza di eventi che riportiamo qui sotto.

---

[53] Shore, Allan N. "I disturbi del sé. La disregolazione degli affetti", 1994.

[54] Mollon Phil "Vergogna e gelosia" Astrolabio 2002.

[55] Il ricatto affettivo, una modalità di relazione nella famiglia normale e patologica. Vernocchi S. EFBI Dicembre 2018. ISBN 978-1790-77095-3.

[56] Il doppio legame, modalità di comunicazione nella famiglia normale e patologica. Settembre 2018. Vernocchi S. ISBN 978-1718-15413-1.

- Rapporto significativo genitore o *care-giver* e bimbo, figlio, accudito.
- Attese troppo alte, richieste di performance elevate da parte del *care-giver*, del genitore, che siano più o meno esplicite e non necessariamente condivise dal figlio.
- Minaccia più o meno esplicita da parte del *care-giver* di privare il figlio del suo amore.
- Senso di colpa pervasivo o vergogna nel figlio per non essere riuscito ad attenersi alle richieste del *care-giver*.

Ostentazione dell'amore

Talvolta i genitori ricattanti «amano» davvero in modo teatrale il proprio figlio, ostentano gesti di affetto. Si prendono grande cura di lui, e dimostrano il loro amore in modo molto esplicito. In caso di figlio particolarmente dotato, o di successo del figlio arrivano a idolatrarlo, idealizzandolo, esaltandone le doti anche in modo eccessivo e fuori luogo.
In tutto ciò manca la dimensione *gratuita*, la relazione *è un dare per avere*.
La moneta di scambio è l'affetto. I meccanismi si attuano in modo inconscio ossia nessuno degli attori riesce a capire cosa in realtà stia avvenendo, non c'è malafede, non c'è desiderio di ferire.
La genuinità dell'espressione dell'affetto viene meno e la manifestazione affettuosa appare ostentata, forzata e decisamente fuori luogo.
Il figlio rifiuta e rifugge le maldestre ostentazioni materne alimentando ancora di più i propri sensi di colpa.

Dipendenza affettiva[57]

Cosa ne è di un figlio che si ribella alle ingerenze materne e cerca di crescere indipendente, lo si vede nei conflitti generazionali presenti in ogni famiglia, che di solito si mitigano qualora il figlio diviene a propria volta padre e la figlia diviene a propria volta madre.
Differente è il destino di chi non riesce a sfuggire al meccanismo di dipendenza affettiva: la madre o il padre utilizzano la conoscenza intima del figlio per assoggettarlo, e vincere le sue istanze di indipendenza.
Un figlio che non riesce a ribellarsi al ricatto affettivo sarà eternamente dipendente dalla madre cercando di compiacerle per tutta la vita, sperando nella sua approvazione oppure potrà passare da una dipendenza all'altra: dalla madre alla fidanzata, dalla fidanzata alla moglie, o alla suocera.

---

[57] Genitori quasi perfetti, stili parentali tra pedagogia e psicologia. 2° edizione Giugno 2018. Aceranti A. ISBN 978-1976-11527-1.

Stile di attaccamento dell'Hikikomori

Un altro fattore determinante nello sviluppo di Hikikomori a livello familiare è lo stile di attaccamento[58]. Krieg e Dickie (2013) hanno somministrato questionari self-report a ragazzi con diagnosi di Hikikomori e ad un gruppo di ragazzi senza sindrome. I risultati mostrano come i primi siano maggiormente caratterizzati da uno stile di attaccamento insicuro-ambivalente e da ricordi, o esperienze di rifiuto parentale nella prima infanzia, ma anche da un temperamento timido-inibito.

I meccanismi psico-patologici che si possono riscontrare nelle famiglie sono davvero numerosi, e gli stili genitoriali che ne derivano possono essere raggruppati e classificati in 7 differenti. Non si pretende di esaurire in poche righe una classificazione a cui ricondurre qualsiasi tipo di educazione impartita, ma di tracciare degli elementi comuni per dare ai genitori strumenti di analisi e miglioramento.

La famiglia normale

La famiglia è anche una "comunità" ove grazie alla propria organizzazione e struttura vengono soddisfatti sia i bisogni primari (mangiare, bere, dormire, avere una casa, essere accuditi in caso di malattia) che quelli secondari, in particolare tutti i membri si sentono accolti, sicuri, protetti, e presentano un senso di appartenenza. La famiglia, comunque vogliamo intenderla, è un luogo dove le persone devono trovarsi bene, sentirsi accolte, accettate, apprezzate, rispettate, protette. In questa famiglia ideale i rapporti sono meravigliosamente impostati, regna l'amore tra gli sposi se ci sono, i figli se ci sono o comunque tutti i membri della famiglia crescono in un clima sereno.

Se la madre[59] o il *care-giver* è stata "sufficientemente buona" nello svolgere il proprio ruolo, i figli, o comunque gli appartenenti alla famiglia, percepiranno la stessa come "base sicura" per spiccare il volo verso la vita, o per ritornarvi nelle piccole sconfitte. Questa è una *famiglia ideale*.

---

[58] Krieg, A., & Dickie, J. R. (2013). Attachment and hikikomori: A psychosocial developmental model. *International Journal of Social Psychiatry*, *59*(1), 61-72.
[59] Winnicot, D.W. "Dal Luogo delle Origini" nel 1971.

È proprio dalla capacità di supportare i propri membri nelle difficoltà e nelle sconfitte che si identifica la saldezza della famiglia.

Nella famiglia ideale[60] i figli o comunque i membri si sentono contenuti, protetti, possono esprimere il disagio, possono esprimere la vergogna, l'imbarazzo, agire la rabbia che ne deriva, in ambiente circoscritto. Nell'espressione della rabbia, del disgusto, o di altre emozioni negative in ambito famigliare, ristretto e quindi controllato, ciascuno saggia le proprie forze e le conseguenze delle proprie azioni, anche quelle socialmente ritenute sconvenienti.

Attaccamento sicuro ed insicuro

Dalle osservazioni di Bowlby[61] si evince che la sicurezza dell'attaccamento progredisce attraverso alcune fasi, e che l'attaccamento può essere di tipo "sicuro" o "insicuro". Un attaccamento di tipo sicuro si ha se il bambino sente di avere dalla figura di riferimento protezione, senso di sicurezza, affetto; in un attaccamento di tipo insicuro invece il bambino riversa sulla figura di riferimento comportamenti e sentimenti come instabilità, prudenza, eccessiva dipendenza, paura dell'abbandono.

Classificazione degli stili genitoriali

Dal tipo di attaccamento discente lo stile genitoriale[62] che sarà a sua volta classificato in:

- *autorevole,*
- *autoritario,*
- *permissivo,*
- *incoerente,*
- *repressivo,*
- *porte aperte,*
- *trascurante.*

Lo stile genitoriale definisce l'educazione. Sia *un'educazione autoritaria* sia *un'educazione permissiva* tendono a produrre personalità aggressive. Nel primo caso, il bambino subisce continue ed eccessive frustrazioni, dovute alle proibizioni e alle punizioni, e le frustrazioni producono spesso aggressività. Nel secondo caso, lo sforzo sistematico dei genitori di evitargli del tutto le frustrazioni fa sì che il bambino non abbia la

---

[60] White R. Gilliland R. "*I meccanismi di difesa*" Astrolabio 1975.

[61] Bowlby,John Attaccamento e perdita vol.1, vol.2, vol.3(2000).

[62] Genitori quasi perfetti, stili parentali tra pedagogia e psicologia" A. Aceranti, S. Vernocchi. ISBN 9781976115271. Agosto 2018.

possibilità di abituarsi ad affrontarle; quando purtroppo la vita provvederà a offrirgliene abbondantemente, il bambino si troverà impreparato.

Risultati negativi dà anche *un'educazione incoerente*, che passa continuamente dall'autoritarismo al permissivismo. In questo caso il bambino manca di punti di riferimento stabili, indispensabili per la regolazione dei propri comportamenti, sviluppa insicurezza e con essa aggressività.

Migliori risultati dà la *cosiddetta educazione autorevole,* che non fa uso degli autoritarismi di tipo militaresco, ma fornisce al bambino giuste regole, condivise, che possono essere ridiscusse e riviste. La regola non è imposta ma proposta, va osservata ma può essere anche modificata, le frustrazioni non sono sistematicamente evitate ma con l'aiuto dei genitori sono affrontate e superate.

Un'educazione incoerente è anche quella che appare eccessivamente *permissiva* in cui i genitori non sono riusciti nel ruolo educativo di far interiorizzare ai figli le regole sociali. Il no non è no, ma diviene sì: normalmente il "no" si interiorizza attorno all'anno di vita ed è completo prima dei 3 anni. Per eccesso di permissività, per paura di imporsi, per essere più moderni, per paura di perdere l'amore e l'approvazione dei figli, per essere amici dei figli, i no diventano sistematicamente sì.

È stata definita la *famiglia senza regole* come prodotto ultimo dello stile genitoriale iper-permissivo.

Una famiglia patologica, senza regole, molto studiata è la *"famiglia porte aperte"*, senza inibizioni[63] dove i figli non hanno interiorizzato alcuna strategia di autocontrollo, la mancata "definizione dei limiti" del sé, determina alterazioni nel concetto di proprietà privata, nella definizione di sfera intima e di privacy. Viene meno il senso del pudore con esibizione di fronte al figlio di atti sessuali, nudità ostentata, oppure linguaggio volgare ed esplicito sul piano sessuale, riferimenti espliciti in tema sessuale. I comportamenti espliciti in materia sessuale, se agiti in età precoce, possono essere interiorizzati dal figlio che può riproporli in altro ambito magari pubblico. Si può giungere all'esibizionismo, al sesso compulsivo, alla promiscuità sessuale ed al voyerismo. Nella migliore delle ipotesi il figlio farà suo lo stesso stile genitoriale.

Lo *stile repressivo* è caratterizzato dal distacco affettivo, in cui i genitori non sono stati in grado di comunicare le proprie emozioni ai figli, né di promuovere e contenere le emozioni dei figli in modo adeguato, emozioni che pertanto devono essere represse e/o dissociate. Le emozioni non

---

[63] "Psicopatologia della devianza sessuale" In Gioventù fragile autrice del capitolo A cura di Laura Volpini et al. Franco Angeli editore Aprile 2014.

vengono accolte e condivise ma represse, e l'affettività viene scoraggiata. Le relazioni sono fredde il coinvolgimento emotivo è scarso.

Oppure le emozioni non sono consone all'esperienza vissuta in tal caso si parla di dissociazione schizo-affettiva: stai male ma non devi piangere, sei felice ma non devi esprimere la gioia. La repressione o la dissociazione, o la difficoltà a dimostrare le emozioni connotano la famiglia patologica.

Infine, lo *stile trascurante*, tipico della famiglia maltrattante dove i comportamenti violenti di diverso tipo: verbale, fisico, psicologico, morale, economico imperversano, e sono la quotidianità. Tali comportamenti[64] sono imitati dai figli ed agiti verso i fratelli minori, verso gli animali e gli oggetti. Intuitivamente chi cresce in questo contesto può interiorizzare questi comportamenti[65] e riproporli alle generazioni successive.

Fattori implicati nello sviluppo degli stili educazionali

Dobbiamo far riferimento a fattori *psicologici, storici, individuali, sociali, famigliari e culturali*[66] nella formazione degli stili genitoriali. Con questo presupposto ciascuno di noi potrebbe a buon diritto rivendicare un proprio e personale stile genitoriale.

Circa ciascuno di questi fattori potremmo avviare numerose discussioni ed analisi, per ragioni di spazio e di organicità del testo ne tratteremo solo alcuni ben consapevoli che potrebbe risultare un limite alla completezza della trattazione.

Stile genitoriale autorevole

Si è già detto che i migliori risultati li dà la *cosiddetta educazione autorevole*, che non fa uso degli autoritarismi di tipo militaresco, né della pedagogia nera, né della violenza fisica o psicologica, fornisce al bambino e poi al ragazzo, poche regole, coerenti e condivisibili da osservare[67]. Il clima famigliare è di amore, comprensione, serenità.

Le regole ci sono, precise e chiare.

Le regole sono poche e sono sempre condivise.

---

[64] Winnicot, D.W. "Dal Luogo delle Origini" nel 1971.

[65] S.Bonino, G.Saglione Aggressività e stili educativi familiari, "Psicologia Contemporanea", 1980, 41, pp. 17-23.

[66] Guareschi A. et al. "Neurologia e psichiatria dello sviluppo" Mc Graw-Hill 1998.

[67] Bettelheim, Bruno "Il Mondo incantato" 1977 Feltrinelli.

Le regole valgono per tutti i membri della famiglia, tutti in famiglia le rispettano. Ci possono essere delle specifiche per l'età: ad esempio riguardo al rientrare alla sera più o meno tardi, ma devono essere esplicitate.

Esempi di regole condivise e valevoli per tutti potrebbero essere: "si rispetta la privacy di ciascuno" e quindi non si leggono gli sms dai telefoni personali, non si sfogliano i diari, non si apre il portafoglio, non si aprono le mail. Questa regola così fondamentale che esprime il riconoscimento dei limiti dell'individuo deve valere per tutti.

Molte domande e problemi sorgono proprio se viene meno il rispetto di questa semplice norma: "a che età non devo più leggere gli sms di mio figlio?" "Come faccio per sapere dove va senza che si arrabbi se lo controllo?" non lo devo controllare, chiedo, ma non controllo e se ho un dubbio me lo tengo. Dopo i 3 anni di vita devo rispettare i limiti del bambino, figurarsi dell'adolescente.

Le regole possono riguardare qualche cosa di particolare, un comportamento specifico, come ad esempio le seguenti.

"Non si ricevono telefonate all'ora di cena:" la regola deve valere per tutti, anche per i genitori.

"Se devo lasciare il bagno in ordine:" è una regola che vale anche per i genitori.

"La biancheria sporca va nella cesta e non sul pavimento."

"Si collabora nella preparazione della cena."

Oppure riguardano norme di comportamento più generali come le seguenti.

"Non si fanno domande imbarazzanti in pubblico."

"Non si mente."

"Non si ruba."

Il super-io dei figli è tale che le regole[68] sono interiorizzate, fatte proprie e non devono essere imposte. Le regole possono essere cambiate ed adattate all'età o alle mutate condizioni.

La punizione risulta superflua.

Il super-io dei figli è tale che le regole sono interiorizzate, fatte proprie e non devono essere imposte.

Un buon modo per far sperimentare ai figli la gestione della regola[69] è giocare insieme. Nei giochi da tavolo, nei giochi di società, nei giochi fisici le regole devono essere rispettate anche dai genitori. Nessuno deve barare né cambiare le regole a partita iniziata. Non ci si deve approfittare del fatto

[68] Cooper David La morte della famiglia 1971 Einaudi.
[69] Bettelheim, Bruno "Un genitore quasi perfetto" 1987.

che qualcuno non abbia compreso bene la regola. Sarà possibile se proposto e condiviso modificare la regola ma solo a gioco fermo.

La regola è:

-condivisa, se ne parla, non è un tabù,

-proposta non imposta si può ridiscutere

-discussa, si possono ridefinire i termini e magari anche modificarli,

-interiorizzata cioè condivisa nelle finalità e nei modi,

-generale, vale per tutti i membri della famiglia.

Le normali fatiche e frustrazioni, non sono sistematicamente evitate né ai figli né agli altri membri della famiglia, ma i genitori offrono il supporto necessario per affrontarle e superarle. Certo non creo frustrazioni ad hoc, ci mancherebbe, ma se dovesse capitare un problema si valutano le opzioni, e le difficoltà si supereranno insieme.

Stile genitoriale autoritario

Il sistema educativo maggiormente utilizzato è quello autoritario, che modula tramite un'educazione rigida, premi e frustrazioni, quali proibizioni e punizioni.

Gli effetti intuitivi di uno stile autoritario sono 2: le frustrazioni ripetute producono spesso aggressività e comportamenti violenti, e l'affetto meritato è correlato al ricatto affettivo.

D'altra parte, per porre un freno a comportamenti violenti o aggressivi sarà necessaria una educazione ancora più rigida, basata su regole e punizioni. Per ottenere affetto ed amore occorrerà meritarselo e questo modello riproposto in una relazione amorosa ne causerà lo svilimento e toglierà slancio e spontaneità.

La regola:

-non è condivisa, non se ne parla, è un tabù,

-la regola è scontata guai a chi non la comprende,

-oppure è imposta, e non proposta, non si può discutere,

-si tramanda dai nonni, ai genitori, ai figli senza mettere in discussione, senza ipotizzarne una modifica,

-non si discute, non si possono ridefinire i termini,

-è subita dai figli che non la sentono propria ma non dai genitori, non dagli adulti,

-non vale per tutti i membri della famiglia, ci sono gerarchie all'interno della famiglia stessa per esempio il padre ha più valore della madre, i figli maschi più valore delle figlie femmine.

Un tipo di stile autoritario è quello portato avanti dalla «pedagogia nera», i fanciulli e successivamente gli adolescenti sono sottoposti alla disciplina, rigida, le regole sono rigide e spesso sono fini a sé stesse. Sono utilizzate le frustrazioni, le proibizioni, le punizioni che prevedono anche la violenza fisica e psicologica. Le punizioni sono utilizzate per "raddrizzare" il fanciullo, per estirpare il male che dalla nascita è messo nel cuore dei bambini con il peccato originale.

Spesso i riferimenti impliciti dello stile autoritario sono all'onore maschile ed alla castità femminile.

Nel caso di educazione autoritaria la famiglia (in apparenza) è solida. La famiglia è unita, coesa, efficiente e produttiva....

I bambini e poi gli adolescenti o interiorizzano lo stile rigido ed autoritario facendolo proprio e costruendo a propria volta una famiglia con stile educativo autoritario, oppure sfuggono alle responsabilità ed allo stile imposto, e divengono disadattati.

Lo stile autoritario[70] interiorizzato, fatto proprio, riproposto alle generazioni successive, è elemento di continuità della famiglia che può essere funzionale dal punto di vista lavorativo, scolastico, economico, ma non dal punto di vista affettivo.

È uno stile subìto, l'individuo reprime le proprie emozioni, e potrà farlo proprio solo a caro prezzo, a dire il vero tutto ha, in quest'ottica, un prezzo. Raramente ci saranno sentimenti spontanei agiti, gratuiti.

Una delle conseguenze peggiori per i ragazzi cresciuti in questo clima sarà l'auto-sabotaggio, ossia le relazioni genuine, falliranno, e sarà il soggetto stesso a farle fallire. L'auto-sabotaggio può interessare anche altri campi della vita, come in quella lavorativa o in quella scolastica. L'auto-sabotaggio può essere la modalità inconsapevole, che in una famiglia autoritaria, i figli mettono in atto per opporsi ed affermare la propria autonomia. Uno stile troppo repressivo[71] può portare il soggetto a mettere in atto comportamenti di bullismo, che gli permettono di riproporre gli stessi schemi famigliari nel gruppo dei pari. Ed è costante il fatto che, anche dopo essere stato smascherato, il bullo difficilmente riconosce il male che ha compiuto: di fatto egli ha solo riproposto un modello di comportamento appreso in famiglia.

Anche la violenza inflitta sugli animali di famiglia o anche su animali piccoli ed indifesi, come le lucertole, o gli insetti, può essere l'espressione di un disagio e la riproposizione di uno schema di violenza percepita come ingiusta e subìta.

Altre alterazioni che possono verificarsi nei figli cresciuti in una famiglia particolarmente autoritaria sono il disturbo di personalità dipendente o il disturbo di personalità tipo borderline

---

[70] Bowlby,John Costruzione e rottura dei legami affettivi 2007.

[71] Bowlby,John Una base sicura 1989.

Stile genitoriale permissivo

Un'educazione eccessivamente *permissiva*[72] è caratterizzata dalla mancanza di un progetto educativo, i genitori non sono riusciti nel loro ruolo educativo, e soprattutto non sono riusciti a far interiorizzare ai figli le regole sociali, e a dare limiti condivisibili.

Il no non è no, ma diviene sì: normalmente il "no" si interiorizza attorno all'anno di vita ed è completo prima dei 3 anni.

I genitori chiedono alla scuola materna di insegnare ai figli ad utilizzare il vasino, chiedono alla scuola di insegnare ai figli il rispetto, le regole sociali, il senso del dovere, la fratellanza, oppure chiedono alla chiesa di insegnare ai figli la morale.

Questo può accadere per eccesso di permissività[73], per il fatto di sentirsi inadeguati, per paura di imporsi, per essere più moderni, per paura di perdere l'amore e l'approvazione dei figli, per essere amici dei figli.

Un'educazione eccessivamente *permissiva* nell'adolescenza può generare un rapporto amicale tra genitori e figli, in cui i genitori temendo di perdere il rapporto coi figli divengono i loro compagni di trasgressione.

La regola[74] è vista come un'entità negativa e non c'è, non esiste....

Oppure come più spesso si verifica la regola c'è ma è inconsapevole, implicita e di solito non è socialmente accettata.

Ad esempio, i nonni coltivano marjuana in vaso e nessuno deve parlarne, se qualcuno viene interrogato dalle Forze dell'Ordine ci si aspetta che neghi proteggendo la famiglia, padre e figlio possono fumare insieme la marjuana senza mai parlare di ciò che stanno facendo.

I figli cresciuti in questo sistema educativo[75] possono avere tratti di dipendenza oppure addirittura sviluppare un disturbo di personalità dipendente o dipendenza da sostanze.

Posto che i frutti di questo sistema educativo siano in grado di mettere su famiglia, il sistema viene interiorizzato, fatto proprio, riproposto alle generazioni successive.

Più spesso i figli sviluppano un disturbo di personalità tipo borderline.

---

[72] Bowlby,John Costruzione e rottura dei legami affettivi 2007.
[73] Eibl, E, I "Etologia umana. Le basi biologiche e culturali del comportamento", Bollati Boringhieri, 2001.
[74] "Psicopatologia della devianza" A cura di Laura Volpini et al. Franco Angeli editore Aprile 2014.
[75] Freud, Anna L'Io e i meccanismi di difesa" 1942.

Stile genitoriale incoerente

Forse tra i risultati più negativi ci sono quelli di *un'educazione incoerente*, metodo che passa continuamente dall'autoritarismo al permissivismo[76].

Il bambino mancherà di punti di riferimento stabili, indispensabili per la regolazione dei propri comportamenti, sviluppa insicurezza ed aggressività. Non ci sono regole sicure, valide, manca la base sicura.

I genitori specie il padre possono uscirsene con sfuriate e punizioni esemplari oppure con affermazioni ad affetto del tipo: *non ti considero più mio figlio, questa non è più casa tua, qui non puoi mettere più piede.* Atteggiamenti e frasi del genere rivolte al figlio adolescente ed associati a comportamenti di rifiuto possono portare nella famiglia a vere e proprie lacerazioni.

Al contempo la madre può esercitare un ipercontrollo.

I genitori non hanno un progetto educativo per i figli.

Nell'adolescenza *un'educazione incoerente* sviluppa insicurezza[77], bisogno incondizionato dell'approvazione del gruppo e con essa aggressività. Il bullismo può nascere in questo contesto.

L'Hikikomori può nascere da un contesto incoerente.

Il desiderio di essere accettati diviene indispensabile, costi quel che costi.

Le regole sono variabili, in certi contesti sono rigide in certi momenti e non ci sono, non esistono….

I figli sono in balia delle emozioni dei genitori[78] o del genitore, in balia degli stati d'animo dei genitori, oppure in balia delle proprie emozioni.

Il metodo può essere interiorizzato, fatto proprio, riproposto alle generazioni successive oppure portare a sviluppare un disturbo di personalità schizoide o schizotipico o al disturbo di personalità tipo borderline.

Stile genitoriale iper-permissivo

Una famiglia patologica iper-permissiva[79], senza regole, molto studiata è la *"famiglia porte aperte"*, senza inibizioni dove i figli non hanno interiorizzato alcuna strategia di autocontrollo, o di limiti del sé. La mancata "definizione

---

[76] Shore, Allan N. "I disturbi del sé. La disregolazione degli affetti", 1994.

[77] Miller, Alice "Il dramma del bambino dotato e la ricerca del vero sé" 1985.

[78] Bettelheim, Bruno "Un genitore quasi perfetto" 1987.

[79] La sessualità umana e fisiopatologia sessuale" in "come e perché amiamo" con LUDES, Aceranti A et al. 11.05.2013.

dei limiti" del sé, determina alterazioni nel concetto di proprietà privata, nella definizione di sfera intima e di privacy.

Viene meno il senso del pudore con esibizione di fronte al figlio di atti sessuali, nudità ostentata, oppure linguaggio volgare ed esplicito sul piano sessuale, con riferimenti espliciti in tema sessuale.

I comportamenti espliciti in materia sessuale, se agiti in età precoce, possono essere interiorizzati dal figlio che può riproporli in altro ambito magari pubblico.

La *"famiglia porte aperte,"* determina la mancata *"definizione dei limiti"* del sé, determina alterazioni nel concetto di proprietà privata, nella definizione di sfera intima e di privacy.

Nell'adolescente si può giungere all'esibizionismo, al sesso compulsivo, alla promiscuità sessuale, alla masturbazione compulsiva ed al voyerismo. Le libertà e le disinibizioni sessuali sono ostentate. La regola è la non-regola. La trasgressione diviene una bandiera, diviene un vessillo. Sono accettato se trasgredisco.

La trasgressione figli/genitori insieme, padre/figlio, madre/figlia, con complicità nella trasgressione portano ad una non crescita dei figli.

Questo sistema educativo può essere interiorizzato, fatto proprio, riproposto alle generazioni successive. Porta a manifestazioni di voyeurismo, esibizionismo, masturbazione pubblica, compulsiva, promiscuità sessuale oppure porta a sviluppare un disturbo di personalità dipendente e a dipendenza da sostanze. Oppure porta a sviluppare un disturbo di personalità tipo borderline.

Nel caso che il figlio non interiorizzi il modello famiglia[80] porte aperte potrebbe invece spingersi al lato opposto, rifugiarsi in estremismi religiosi, ossia aderire ad una fede che proponga un rigido controllo della sessualità, oppure negare totalmente la propria sessualità, il proprio bisogno od istinto sessuale, rifugiarsi in un mondo astratto. Alcuni figli di famiglie porte aperte si sono fatti adescare da sette religiose chiuse che però erano in grado di appagare i bisogni di regole, di limiti, che dessero la base sicura che era a loro mancata. Mentre altri sempre nati nello stesso gruppo famigliare[81] si sono rifugiati nello studio del mondo animale, magari vagheggiando un mondo ideale dove animali ed uomini vivessero in armonia. Oppure altro rifugio può essere la magia che crea uno spazio diverso e rassicurante.

Tutti questi ragazzi vivranno molto male la propria sessualità, rifiutandole, negando le modificazioni del proprio corpo, con grande difficoltà al

---

[80] Zonta R. "Psicologia generale, dello sviluppo ed applicata" Edipsicologiche Cremona 1998.

[81] Eigen M. *"Legami danneggiati"* Astrolabio 2001.

contatto con il proprio ed altrui corpo. Disturbi psicosomatici possono comparire come forme di ribellioni mascherate.

Stile genitoriale repressivo

Lo *stile repressivo* è caratterizzato dal distacco affettivo, in cui i genitori non sono stati in grado di comunicare le proprie emozioni ai figli, né di promuovere e contenere le emozioni dei figli in modo adeguato, emozioni che pertanto devono essere represse e/o dissociate, non vengono accolte e condivise ma represse, l'affettività viene scoraggiata. Le relazioni sono fredde il coinvolgimento emotivo è scarso. Oppure le emozioni non sono consone all'esperienza vissuta (dissociazione): stai male ma non devi piangere, sei felice ma non devi esprimere la gioia.

La repressione totale[82] o la dissociazione psico-emotiva, o l'incapacità totale a difficoltà a dimostrare le emozioni[83], connotano la famiglia patologica. Lo stile repressivo può portare ai disturbi alimentari, anoressia, bulimia, obesità.

L'ipercontrollo sui figli si esprime anche sulle funzioni fisiologiche portando ai disturbi funzionali, specie sui disturbi digestivi, sui disturbi del sonno.

I figli interiorizzano la propria aggressività e presentano disturbi che ne sono l'espressione mascherata. Oppure esplicitano una aggressività verso sé stessi con autolesionismo, o con l'auto-sabotaggio.

La regola:

-non è condivisa, non se ne parla, è un tabù, è implicita,

-è imposta in modo rigido,

-non si discute, non si possono ridefinire i termini,

-è subita dai figli che l'interiorizzano e la fanno propria cognitivamente ma non emozionalmente.

Disturbi alimentari che possono comparire sono l'anoressia, la bulimia, l'obesità o l'adesione a nuove restrizioni alimentari.

Disturbi psicosomatici, alterazioni del sonno, alterazioni digestive, soprattutto dolori addominali, tipo coliche, tipo crampi.

Uno stile[84] siffatto porta all'auto-sabotaggio, porta a sviluppare un disturbo di personalità dipendente o a dipendenza da sostanze. Può sviluppare un disturbo di personalità tipo borderline, o un disturbo di personalità tipo schizo-tipico.

---

[82] Miller, Alice Riprendersi la vita. I traumi infantili e l'origine del male, 2009.

[83] Miller, Alice Il risveglio di Eva. Come superare la cecità emotiva, 2002.

[84] Freud, Anna L'Io e i meccanismi di difesa" 1942.

Nel caso che il soggetto non interiorizzi lo stile repressivo può ricorrere alla fuga con eventuale uso-abuso di sostanze, all'alcolismo.

Stile genitoriale trascurante

Lo *stile trascurante*, tipico della famiglia maltrattante[85] dove i comportamenti violenti di diverso tipo: verbale, fisico, psicologico, morale, economico imperversano, e sono la quotidianità. Tali comportamenti[86] sono imitati dai figli ed agiti verso i fratelli minori, verso gli animali e gli oggetti. Intuitivamente chi cresce in questo contesto può interiorizzare questi comportamenti.

Interiorizzare questi comportamenti può portare a sviluppare un disturbo di personalità tipo antisociale, o un disturbo della condotta, oppure compiono una fuga con eventuale uso-abuso di sostanze, all'alcolismo.

Nel caso il gruppo dei pari prenda il posto della famiglia, appagando il bisogno di affiliazione e di appartenenza, si può sviluppare un disturbo di personalità dipendente[87]. I comportamenti anche vandalici tipici del branco possono essere condivisi ed accolti in una sorta di iniziazione e di necessità di sentirsi parte di un gruppo.

Se viene interiorizzato, non riconosciuto e quindi fatto proprio, questo stile viene riproposto alle generazioni successive.

Importanza della regola

Le regole fanno parte dell'educazione[88], devono esserci, connotano lo stile educativo, dovrebbero essere discusse dai genitori prima di essere proposte. Devono essere poche, precise e chiare.

Le regole poche, chiare, semplici devono essere condivise.

Le regole valgono per tutti i membri della famiglia, tutti in famiglia le rispettano. Le regole si adattano all'età dei soggetti. È bene che questa differenza sia esplicitata.

A parte le regole concrete di convivenza e di gestione famigliare vogliamo soffermarci sulle regole morali e sul concetto di competenza morale. Crediamo infatti come genitori nell'importanza di crescere persone libere e consapevoli delle proprie scelte.

---

[85] Miller, Alice "La fiducia tradita. Violenza e ipocrisie nell'educazione" 1995.

[86] Miller, Alice "La persecuzione del bambino" Garzanti 1987.

[87] Miller, Alice "L'infanzia rimossa" Garzanti 1990.

[88] Miller, Alice "Il dramma del bambino dotato e la ricerca del vero sé" 1985.

Il bambino del mercoledì

Quando è nato Alessandro, il mio terzo figlio avevo 34 anni, completato la mia formazione professionale, avevo un lavoro, affrontato lo studio della maggior parte degli scritti della Miller (evidentemente non di quelli scritti in un secondo momento), di Bettelheim, Anna Freud, Bateson, Winnicot...mi apprestavo a crescerlo in modo diverso. *Vediamo un po' se possiamo migliorare*, mi ripetevo, non che non fossi felice dei miei primi due figli ma soprattutto gli scritti della Miller erano molto chiari: nessuna violenza sui bambini, di nessun tipo, nessuna vessazione, trovate un altro metodo. E devo dire che ha ragione un altro metodo esiste, si può trovare, *due sculaccioni non hanno mai fatto male a nessuno, quattro sberle si possono dare al momento giusto*...sono luoghi comuni, forse la fretta, forse il nervosismo ci impediscono di pensare.

Con Alessandro ho deciso che sarebbe stato diverso. E di fatto Alessandro è diverso. O meglio come ci tiene a precisare sua sorella *è diversamente disadattato*. Nessuno di loro 3 è standard, sono tutti e tre un po' atipici, voci fuori dal coro, difficile che un branco possa coinvolgerli e trascinarli: hanno idee ben radicate in merito ai principali temi e valori, neppure essere andati in vacanza con il gruppo di comunione e liberazione è riuscito a plagiarli. Devo dire che non ho incoraggiato ma neppure ostacolato le esperienze alternative: ero e sono certa che sono persone forti e determinate. Hanno, in termini di Daniel Dennet, la «competenza morale».

Credo sia questo che li contraddistingue ed è di questo che sono fiera.

Dicevo di Alessandro che era un bel tipino taciturno ed indipendente, nessun tipo di problema alla scuola materna né in prima elementare. Arrivato in seconda elementare nella sua classe di una scuola pubblica di provincia, come credo sia oggi spesso la regola, i 2/3 dei compagni o aveva *una diagnosi* o erano figli di persone di recente immigrate. Dislessia, discalculia, DAS o disturbi specifici dell'apprendimento, deficit dell'attenzione o iperattività...oppure bimbi di ogni colore e lingua, difficile per gli insegnanti seguire un programma.

E lui a scuola un po' si annoiava, un po' si distraeva, un po' giocava finché decise che si sarebbe preso la pausa del mercoledì.

Proviamo a tenerlo impegnato con le lingue, con gli sport, con la musica...niente da fare sembrava una sfida. Decido di accoglierla. *Assecondiamolo gli passerà*. Pensavo. E pensavo male.

Non sto a dire le critiche che ho ricevuto da tutte le parti. Ma il ragionamento di Alessandro era coerente e condivisibile. Se posso fare in 4 giorni quello che altri fanno in 5 meglio per me, ho un giorno in più per giocare. A scuola andava molto bene comunque ed andava con gioia, da solo, indipendente, da solo eseguiva i compiti.

In seconda media mi arriva la lettera dal Preside che Alessandro stava per superare i giorni di assenza consentiti, e non l'avrebbero ammesso alla classe terza. Lui mi dice con la sua solita aria candida e sicura: *mamma ho fatto già io i conti, non preoccuparti, se non faccio più assenze da ora in poi non avrò nessun problema.*

E così è stato.

Poi un giorno di settembre mentre stavo facendo la spesa al Carrefour una mia compagna di Liceo che non vedevo da 20 anni mi avvicina: *ma Alessandro P. è tuo figlio? Che ragazzo fantastico l'ho conosciuto all'open-day del Liceo Scientifico dove vorrei iscrivere mia figlia, ha tenuto una breve relazione ai genitori come studente dell'ultimo anno ed ha raccontato la sua esperienza. Ha detto di non preoccuparci se alle medie o alle elementari i ragazzi sembrano poco interessati alla scuola, al Liceo sarà diverso perché è tutto più coinvolgente.*

Non ci potevo credere. Non mi aveva detto nulla. Il bambino del mercoledì il mio piccolo angioletto biondo era un giovane uomo.

Adesso riflettendo sulla sua infanzia mi dice che con lui sono stata forse troppo permissiva, che a volte lui si sarebbe aspettato qualche domanda in più, qualche indagine in più come facevano le madri dei suoi amici.

Insomma, i genitori sbagliano comunque. Ma l'importante, a volte, è il risultato.

Psicopatologia dell'Hikikomori

Nel ricatto affettivo si attivano meccanismi[89] psicopatologici importanti[90] quali in primis il senso di colpa e la vergogna. Si struttura una dipendenza affettiva che si rende evidente nelle relazioni significative sia famigliari che extra-famigliari e che persiste anche dopo l'avvenuta guarigione[91].

Senso di colpa

Il senso di colpa[92] si accompagna all'angoscia allorché il fanciullo/ragazzo abbia agito, o abbia intenzione di agire, o provi desideri in contrasto con i canoni morali del Super Io. Ciò che resta quando l'ansia e l'angoscia si placano è un pervasivo senso di colpa. Il senso di colpa viene riferito a qualsiasi accadimento: per l'uso del denaro, per la scelta e la consumazione del cibo, sono i più diffusi.

Concedersi vacanze, viaggi, shopping possono generare sensi di colpa insostenibili, o nei casi estremi anche soltanto concedersi piccole pause dallo studio può creare stato d'ansia.

Nei casi più gravi il paziente si sente in colpa per il solo fatto di esistere: ho diritto di vivere? Merito di vivere? O di riposarmi?

Senso di colpa mascherato

Talvolta il senso di colpa è mascherato da richieste di scuse non necessarie, da rituali, o da circonlocuzioni che hanno il medesimo significato: chiedo scusa perché esisto, perché sto respirando. Posso respirare?

Ho fatto qualche cosa che non va? Sei arrabbiato con me?

Se sei arrabbiato con me certo ho fatto qualche cosa che non va bene.

Oppure mi lavo e mi rilavo le mani nel tentativo di purificarmi, di lavare le colpe. Non posso mangiare, non posso toccare nulla se prima non mi lavo

---

[89] Bateson, Gregory "*Verso un'ecologia della mente*", 1971.

[90] Genitori quasi perfetti, stili parentali tra pedagogia e psicologia. 2° edizione Giugno 2018. Vernocchi S. ISBN 978-1976-11527-1.

[91] White R. Gilliland R. "*I meccanismi di difesa*" Astrolabio 1975.

[92] Il doppio legame, modalità di comunicazione nella famiglia normale e patologica. Settembre 2018. Vernocchi S. ISBN 978-1718-15413-1.

e mi rilavo...si svilupperà un vero e proprio disturbo ossessivo compulsivo.

Vergogna

La vergogna[93] viene attivata nel momento in cui il paziente teme di essere messo in ridicolo, di sentirsi stupido o inadeguato. Questi stati comuni a tutti noi, nei fanciulli con sindrome di Hikikomori possono caratterizzare la personalità e pervadere completamente l'Io impedendone le normali relazioni.

Spesso la vergogna ha attinenza con la sfera sessuale[94] pertanto nell'adolescente può comparire con la scoperta del proprio corpo, con i primi atti sessuali, con la masturbazione. In questi casi infatti senso di colpa e vergogna risultano associati.

Una pratica di per sé normale come la masturbazione genera molta ansia e crea tensioni notevoli tanto più che l'argomento nella nostra società è tabù per cui per avere notizie e confronti con il mondo del web resta una soluzione possibile.

Sessualità via web

Come le relazioni interpersonali sono mediate dalla rete, anche il sesso può essere vissuto via web[95]. In questo modo il fanciullo si sente più protetto, non deve mettersi in gioco in una relazione vera, con veri rischi, con pericolo di esporsi, contatto fisico, malattie, gravidanze.

Il sesso si concretizzerà in esperienze erotiche mediate dal pc e dalla *web-cam*, giungendo alla ostentazione di parti anatomiche, di atti sessuali spesso omosessuali. Questo accade anche quando di fatto non siamo di fronte ad individui con orientamento sessuale omosessuale. La pratica del sesso via web viene condivisa con più facilità e disinvoltura tra individui dello stesso sesso, ancora meglio se non realmente omosessuali in modo che non ci si attenda poi un rapporto sentimentale a due impegnativo duraturo.

---

[93] Mollon Phil "*Vergogna e gelosia*" Astrolabio 2002.

[94] "La sessualità umana e fisiopatologia sessuale" in "come e perché amiamo" con LUDES, Aceranti A et al. 11.05.2013.

[95] La sessualità umana e fisiopatologia sessuale in "come e perché amiamo" con LUDES, Aceranti A et al. 2013.

Dipendenza affettiva

La dipendenza affettiva è una modalità di relazione in cui la libertà di ciascun individuo è limitata da un rapporto di sudditanza psicologica che coinvolge gli affetti più cari, le persone che ci sono più vicine, e condiziona la nostra emotività.

Nelle amicizie il ragazzo, ma anche l'adolescente o l'adulto con dipendenza affettiva metterà in atto queste dinamiche apprese in famiglia, verso gli amici più intimi. Tanto più stretta sarà la relazione tanto maggiore sarà il legame di dipendenza che si instaura.

Le doti intellettuali od artistiche del futuro Hikikomori potranno portarlo a ricevere lodi e quasi ad essere venerato da uno o più compagni, specie nelle fasi iniziali del rapporto. Per questo potrà apparire un vero leader, carismatico, con ideali e punti di forza invidiabili ed invidiati, la cui amicizia e compagnia sono molto ambite, ma al prezzo insostenibile alla lunga, dell'esclusività e di un rapporto controllante.

Nell'amicizia[96] ben presto il guinzaglio corto e l'iper-controllo si faranno sentire ed i rapporti potranno condizionare lo stile di vita di entrambi.

In alcuni fortunati casi si potrà strutturare un rapporto simbiotico in cui controllore e controllato trovano entrambi un ottimo compenso. Difficile tracciare il confine tra amicizia stretta, amico del cuore, migliore amico e rapporto di dipendenza. Probabilmente fintanto che ad entrambi il rapporto non stia stretto e permetta una vita sociale e sentimentale esterna alla simbiosi, la relazione può anche funzionare. Qualora uno dei due decida di allontanarsi magari perché si è semplicemente innamorato e vuole vivere la sua storia d'amore, ecco che improvvisamente viene meno l'idillio e l'abbandonato, senza più riferimenti, tradito, si chiude e fa Hikikomori. Quello che dovrebbe essere nella natura delle cose diventa uno scoglio insormontabile.

---

[96] "Genitori quasi perfetti, stili parentali tra pedagogia e psicologia" A. Aceranti, S. Vernocchi. ISBN 9781976115271. Agosto 2018.

Fattori precipitanti della sindrome di Hikikomori

Le cause dell'*Hikikomori* sono differenti per ragazzi e ragazze. Nei ragazzi abbiamo detto essere la pressione sociale, il desiderio di emergere, di primeggiare e la paura di non riuscirvi, la causa scatenante del ritiro sociale.

Sono sufficienti *defaiance* che possono apparire minime, o della vita comune, come ad esempio un insuccesso scolastico, una *figuraccia* pubblica, l'essere rifiutati in una relazione, l'aver subito considerazioni pubbliche, anche minime sul proprio peso o sul proprio corpo o sul proprio abbigliamento.

Tentiamo in conto che una considerazione negativa sull'aspetto fisico nel gruppo dei pari può creare grande imbarazzo all'adolescente.

La paura paralizzante ed angosciante reclude e confina i giovani nello spazio sicuro e protetto della loro camera. La comunicazione con il mondo sarà filtrata e mediata dai social. Questa mediazione dà ai ragazzi la parvenza del controllo sulla propria vita e sulle proprie relazioni. Le relazioni, i contatti, gli affetti, le amicizie, il sesso ed i rapporti in generale, social-mediati sono percepiti come meno pericolosi, rispetto ai contati umani diretti.

Le ragioni per cui le ragazze si auto-confinano nella propria stanza contemplano le delusioni, sentimentali e scolastiche, la paura di rimettersi in gioco, e la devastante sensazione di solitudine[97].

---

[97] Ricci, C. (2014). *La volontaria reclusione. Italia e Giappone: Un legame inquietante*. Roma, Italia: Aracne.

Gli stadi della sindrome di Hikikomori

Nell'ottica della prevenzione precoce della sindrome sono state individuate alcune caratteristiche che si susseguono in tempi ben definiti in modo costante nella maggior parte dei ragazzi con Hikikomori, che possiamo riconoscere e classificare.

Gli stadi possono rappresentare livelli intermedi di ansia sociale di cui l'Hikikomori è il livello più estremo.

Definiamo cinque stadi della sindrome.

- I stadio: fobia scolastica.
- II stadio: ludopatie.
- III stadio: antropofobia.
- IV stadio: insonnia.
- V stadio: agorafobia.

Il ritiro sociale e sintomi fobici

Per quanto riguarda la sintomatologia[98] il sintomo prevalente è il senso di inadeguatezza sociale, che conduce il ritiro sociale, appunto definito anche come il sintomo primario[99], indispensabile per definire la sindrome.

L'auto-reclusione di solito limitata alla propria stanza, può durare alcuni mesi o protrarsi per anni. Questa reclusione può risolversi o concludersi con il suicidio. Talvolta la stanza viene sigillata per impedire la penetrazione della luce.

Le fughe da questa autoreclusione possono strutturarsi in vario modo configurando le molteplici varianti che rendono di fatto difficoltosa la classificazione della patologia.

---

[98] Aguglia E., Signorelli M. S., Pollicino C., Arcidiacono E., & Petralia A. (2010). Il fenomeno dell'Hikikomori: Cultural bound o quadro psicopatologico emergente? *Giornale di Psicopatologia*, *16*, 157-164.

[99] Saitō, T. (1998). *Shaikaiteki hikikomori*: Owaranaishishunk [Hikikomori: Adolescence without end]. Tokyo: PHP Kenkyuujo.

Fobia scolastica

Il primo stadio del ritiro sociale consiste in realtà in una fobia specifica, e per la precisione la fobia scolastica. A seguito di un insuccesso scolastico, sportivo, sentimentale o anche di un trauma famigliare, il ragazzo non vuole più frequentare la scuola, fugge il contatto dei pari, presentando un grave disagio psichico. Più spesso maschera il proprio trauma, non ne parla ad alcuno e non è facile collegare direttamente causa-effetto. In una personalità strutturata in questo modo smascherare il problema e renderlo pubblico può peggiorare la sofferenza e causare una ferita narcisistica, ossia una lacerazione grave nell'immagine che di sé stesso il fanciullo ha interiorizzato.

Ludopatie

Il secondo stadio, si presenta come la fase ludopatica consiste nel rifiuto ad uscire dalla propria stanza almeno in apparenza per giocare ai video-games. Neppure per mangiare il ragazzo lascia il video e solo per il tempo strettamente limitato per fare i propri bisogni si reca nel bagno. Il tempo viene occupato dal giocare ai video games, ascoltare la musica, studiare, rarissime solo le visite che avvengono sempre nella propria stanza[100].

In questa fase è facile pensare alla ludopatia: la dipendenza dai video giochi possono essere il modo che ha il ragazzo per staccarsi dalla realtà e non pensare, oppure una maschera per non mostrare il dolore. I video giochi possono tenere incollato il ragazzo per ore e ore di seguito per non dire giorni interi.

Un altro modo di vivere questo stadio è la musica assordante, ascoltata ininterrottamente per ore e ore per riempire il vuoto, per non pensare.

Antropofobia

Il terzo stadio è l'antropofobia, ovvero la paura del contatto interumano, ogni relazione sarà mediata dai social. Talvolta la fobia sociale è la modalità di presentazione stessa della sindrome. Fuggire ogni contatto con le persone, fuggire dalla gente, da ogni relazione sociale comporta un peggioramento del quadro clinico.

Mentre i contatti fisici sono evitati il ragazzo vive nel web, sempre connesso, le relazioni sono indispensabili alla sua sopravvivenza, ma sono tutte rigorosamente virtuali. La vita si svolge di notte per evitare il contatto anche con i parenti stretti. Durante il giorno o comunque nei momenti di attività della famiglia il ragazzo dorme o tenta di dormire.

---

[100] Zielenziger, M. (2006). *Non voglio più vivere alla luce del sole: Il disgusto per il mondo esterno di una nuova generazione perduta*. Roma, Italia: Elliot.

Disturbi del sonno

Il quarto stadio è la comparsa dell'insonnia. Restare connesso per ore ed ore, sempre solo, senza contatti, al buio della camera, il ciclo notte e veglia viene meno. Si estrinsecano i disturbi del sonno.
La stanza viene sigillata per evitare che entrino raggi di sole o comunque la luce, lo schermo si vede meglio al buio, la carenza di vitamine liposolubili tra cui la vitamina A, peggiorano la vista crepuscolare. La mancanza dell'alternanza luce-buio altera il ciclo sonno veglia. Le alterazioni dell'elettroencefalogramma che attestano lo stato di allerta come avviene durante le crisi di ansia, sono presenti in tutti i pazienti. Quindi i ragazzi non solo non riescono ad avere una normale routine ma neppure un sonno riposante.

Agorafobia, attacchi di panico e disturbo d'ansia

Il quinto stadio è caratterizzato dalla comparsa di agorafobia, ovvero della paura dei luoghi aperti. In questi luoghi sarebbe difficile essere soccorsi in caso di un attacco di panico o di una crisi di ansia.
In questo stadio possono comparire gli stati d'ansia e gli attacchi di panico, questi sintomi possono persistere per anni.
Altri sintomi si aggiungono successivamente e comprendono l'automisofobia, ovvero la paura di sporcarsi, che nei casi più gravi[101] sfocia e si concretizza in disturbo ossessivo-compulsivo.

Perdita di contatto con la realtà

Oltre ai sintomi fobici, e ai disturbi d'ansia, nei casi più gravi può essere presente perdita di contatto con la realtà[102], sospettosità incondizionata e ideazione persecutoria verso l'esterno ma anche verso la propria famiglia. Questo porta ed acuisce l'isolamento sociale, ed il rifiuto al contatto.

---

[101] Saitō, T. (1998). *Shaikaiteki hikikomori:* Owaranaishishunk [Hikikomori: Adolescence without end]. Tokyo: PHP Kenkyuujo.

[102] Aguglia E., Signorelli M. S., Pollicino C., Arcidiacono E., & Petralia A. (2010). Il fenomeno dell'Hikikomori: Cultural bound o quadro psicopatologico emergente? *Giornale di Psicopatologia, 16,* 157-164.

Gli attacchi di panico dell'Hikikomori

Gli attacchi di panico o disturbo da panico, classificati ed inseriti come *"panic attack/s (PA/s)"* o *"panic disorder (PD)"* nel DSM[103], e nell'ICD-10[104] sono una classe di disturbi d'ansia caratterizzati da intensi stati di ansia accompagnati da altri sintomi psicologici e somato-formi ossia riferiti al corpo.

Si stima che circa 1 persona su 5 abbia avuto almeno un attacco di panico, nella propria vita, sono quindi uno dei più comuni disturbi psichiatrici. L'esordio è nella tarda adolescenza, con incidenza da due a tre volte maggiore nelle ragazze rispetto ai ragazzi. La maggior parte delle persone ha un unico episodio. L'attacco di panico si associa ad uno o più dei seguenti sintomi:

- tremori alle mani, avambracci, braccia e/o alle gambe;
- oppressione, dolore, bruciore o fastidio al torace;
- sensazione di mancanza di respiro, asfissia, dispnea;
- iperventilazione;
- sensazioni di sbandamento, instabilità e svenimento;
- palpitazioni, sensazione di mancanza di un battito o di un battito soprannumerario, tachicardia;
- angoscia e sensazione di morire, paura di morte imminente;
- parestesie, sensazioni di torpore, di formicolio alle mani, ai piedi, alla zona *circum-orale*, al volto;
- paura di impazzire, di perdere il controllo;
- nausea, bruciore epigastrico, vomito, coliche addominali;
- sensazioni di essere al di fuori dalla realtà, di estraniamento da sé o dalla realtà, di depersonalizzazione, di derealizzazione, di distacco dall'ambiente e da sé;
- presenza di vampate, calore al volto ed al collo;

---

[103] American Psychiatric Association (2013). *DSM-5. Diagnostic and statistical manual of mental disorders* (5th d.). Washington, DC: APA.

[104] Organizzazione Mondiale della Sanità [OMS] (1992). *ICD-10, Classifications of mental and behavioural disorder: Clinical descriptions and diagnostic guidelines.* Geneva: OMS.

- presenza di brividi, sensazione di freddo alle estremità, alle mani senza che queste siano realmente fredde;
- paura di stare sempre peggio e di non riuscire a riprendersi.

Sono esperienze che sin dal primo episodio condiziona la vita, con il terrore che possa ripetersi.

Sebbene descritti dai pazienti come molto spiacevoli a volte in grado estremo, gli attacchi di panico non sono pericolosi e durano di solito pochi minuti, meno di 20.

Il disturbo d'ansia dell'Hikikomori

Gli attacchi di panico[105] possono coesistere con il disturbo d'ansia. La diagnosi di uno specifico disturbo d'ansia si basa in larga parte sui suoi segni e sintomi caratteristici.

Un'anamnesi familiare positiva per disturbi d'ansia (eccetto il disturbo post-traumatico da stress) è generalmente d'aiuto, poiché molti pazienti sembrano ereditare una predisposizione agli stessi disturbi d'ansia di cui sono affetti i propri familiari, così come forse ereditano una vulnerabilità generale ad altri disturbi d'ansia.

La crisi d'ansia si caratterizza per uno stato di incertezza e di attesa, con prostrazione psicologica costante con un senso di angoscia e di costante tensione. È probabilmente un tipo di paura, la sensazione di qualche cosa di brutto che incombe, che sta per accadere.

Di solito il paziente presenta anche sintomi fisici del tutto analoghi a quelli già ricordati per gli attacchi di panico. A differenza degli attacchi di panico, nel disturbo d'ansia lo stato di allerta è costante, persiste per ore anche per giorni, interferisce con il sonno, con il lavoro, con le attività della vita di relazione.

Un certo grado di ansia associato ad una performance importante è normale e migliora la performance stessa. Invece oltre una certa soglia di intensità di sintomi, la *perfomance* peggiora.

L'ansia è una complessa combinazione di stati d'animo includono paura, apprensione e preoccupazione, accompagnata da palpitazioni, dolori al torace, dispnea, nausea, tremore interno. I segni somatici sono dunque causati dall'iperattività del sistema nervoso autonomo ortosimpatico, e in generale della classica risposta tipo "*combatti o fuggi*".

L'ansia deriva da un conflitto interiore piuttosto che da una paura concreta.

L'angoscia identifica un'ansia più pervasiva.

- L'ansia sembra avere varie componenti tra cui riconosciamo: una *cognitiva,*
- una *somatica,*
- una *emotiva,*

---

[105] DSM V Manuale Diagnostico e Statistico dei Disturbi Mentali I edizione 2014, Raffaello Cortina Editore.

- una *comportamentale*.

La componente cognitiva consta nell'attesa angosciosa di un pericolo incerto.

Dal punto di vista somatico (o fisiologico), il corpo prepara l'organismo ad affrontare la minaccia (una reazione d'emergenza): la pressione del sangue e la frequenza cardiaca aumentano, la sudorazione aumenta, il flusso sanguigno verso i più importanti gruppi muscolari aumenta e le funzioni del sistema immunitario e quello digestivo diminuiscono. Esternamente i segni somatici dell'ansia possono includere pallore della pelle, sudore, tremore e dilatazione pupillare.

Dal punto di vista emotivo, l'ansia causa un senso di terrore o panico, nausea e brividi.

Dal punto di vista comportamentale, si possono presentare sia comportamenti volontari sia involontari, diretti alla fuga o all'evitare la fonte dell'ansia. Questi comportamenti sono frequenti e spesso non-adattivi, dal momento che sono i più estremi nei disturbi d'ansia. In ogni caso l'ansia non sempre è patologica o non-adattiva, talvolta ha una funzione importante in relazione alla sopravvivenza.

- Se invece l'ansia ricorre cronicamente e ha un forte impatto sulla vita di una persona si può allora diagnosticare un disturbo d'ansia. I più comuni disturbi correlati all'ansia sono il disturbo d'ansia generalizzata (DAG),
- il disturbo di panico (DP),
- la fobia sociale,
- le fobie specifiche,
- il disturbo ossessivo-compulsivo (DOC) e
- il disturbo post traumatico da stress (DPTS).

Secondo l'interpretazione psicoanalitica[106][107] classica l'ansia viene considerata un segnale, intorno al quale si struttura un conflitto intrapsichico caratterizzato dalla presenza di pulsioni e affetti che vorrebbero essere soddisfatti, ma che sono contrastati dai meccanismi di difesa[108] dell'Io. Le pulsioni[109] sono vissute come proibite e pericolose ma al contempo incontenibili. L'ansia è il segnale di pericolo avvertito dall'Io, e i sintomi equivalgono sia al tentativo di rinnegamento del desiderio proibito sia a un suo mascherato progetto di realizzazione. Il soggetto spesso ignora

---

[106] Bateson, Gregory *"Verso un'ecologia della mente"*, 1971.

[107] Damasio, AR, Emozione e coscienza, Adelphi, edizioni, Milano, 2000.

[108] White R. Gilliland R. "I meccanismi di difesa" Astrolabio 1975.

[109] Glen O. Gabbard "Psichiatria Psicodinamica" Raffaello Cortina Editore 1997.

il contenuto delle pulsioni rimosse, ed è quindi indotto a trasferire fuori dal suo Sé psichico, e quindi nel mondo esterno o nel corpo fisico, ciò che invece investe il suo mondo psichico.

Insonnia e perdita del ciclo sonno-veglia dell'Hikikomori

Il ritmo sonno-veglia dei ragazzi con *Hikikomori* è spesso alterato: dormono durante il giorno, magari con piccoli sonnellini discontinui e si svegliano la sera per giocare ai videogiochi, leggere manga o navigare in rete per tutta la notte[110].

Il fatto di starsene chiusi in casa, spesso al buio favorisce questa alterazione. Non attenersi ai pasti, e spesso evitare di mangiare proprio, non uscire, non avere contatti con il mondo e staccarsi proprio dalla realtà concreta favorisce la perdita del ritmo circadiano. Esempi di alterazioni correlate con il ritmo sonno veglia sono il ritmo di secrezione del cortisolo, il ritmo di variazione della temperatura corporea, della pressione arteriosa sanguigna.

Tutti noi abbiamo una sorta[111] di "orologio interno" che si mantiene sincronizzato con il ciclo naturale del giorno e della notte mediante stimoli naturali come la luce solare e la temperatura ambientale, e anche stimoli di natura sociale come pranzare o cenare in famiglia sempre alla stessa ora, alzarsi per recarsi al lavoro o a scuola tutti i giorni nel medesimo orario.

In particolare, la retina contiene oltre che coni e bastoncelli anche cellule gangliari retinali fotosensibili. Quando sono colpite dalla luce solare queste cellule ricche di melanopsina, pigmento che è necessario per catturare la luce, scaricano impulsi su una struttura cerebrale chiamata nucleo soprachiasmatico a cui sono collegate tramite il fascio retino-ipotalamico. L'importanza del nucleo soprachiasmatico si comprende se ne valutiamo gli effetti della sua distruzione: ossia la perdita del ciclo notte-veglia. D'altra parte, coltivando in vitro le cellule del nucleo soprachiasmatico queste conservano il proprio ritmo circadiano in assenza di stimoli esterni.

---

[110] Saitō, T. (1998). *Shaikaiteki hikikomori:* Owaranaishishunk [Hikikomori: Adolescence without end]. Tokyo: PHP Kenkyuujo.

[111] Villafuerte G, Miguel-Puga A, Murillo Rodríguez E, Machado S, Manjarrez E, Arias-Carrión O, *Sleep Deprivation and Oxidative Stress in Animal Models: A Systematic Review*, in Oxid Med Cell Longev, vol. 2015, 2015, pp. 234952, DOI:10.1155/2015/23495, PMID 25945148.

Le cellule del nucleo soprachiasmatico scaricano sulla ghiandola pineale che produce quindi melatonina, la melatonina presenta a sua volta un ritmo circadiano con un picco di secrezione durante le ore notturne. In assenza di questi stimoli sincronizzatori i ritmi continuano ad essere presenti, ma il loro periodo può assestarsi su valori diversi, per esempio il ciclo veglia-sonno tende ad allungarsi, anche fino a 36 ore, mentre il ciclo di variazione della temperatura corporea diventa di circa 25 ore.

Dipendenti dal ritmo circadiano sono l'attività cerebrale, la produzione di ormoni, la rigenerazione cellulare e altre attività biologiche collegate a questo ciclo giornaliero.

Il ritmo è collegato al ciclo luce-buio. Animali tenuti in totale oscurità per lunghi periodi funzionano con un ritmo che si "regola liberamente". È interessante notare che mammiferi totalmente sotterranei (come il topo-talpa cieco *spalax*) sono capaci di mantenere il loro orologio interno in assenza di stimoli esterni.

In esseri umani che si sono volontariamente isolati in grotte[112] e senza stimoli esterni si è notato che il ritmo circadiano sonno-veglia tende progressivamente ad allungarsi, sino ad arrivare a "giornate" che anziché di 24 ore sono di 36 ore. Fondamentale come regolatore dell'orologio interno appare quindi il ruolo della luce solare.

Questi ragazzi[113] finiscono per vivere al buio della loro camera, giocando per ore ed ore ai video-games, oppure collegati sui social, oppure ascoltando musica con le cuffie, ma sempre in perfetta solitudine ed al buio. È evidente la causa che li conduce dopo qualche tempo, ad avere alterazioni del ritmo circadiano e successivamente difficoltà a prendere sonno.

[112] Christoph Randler, *Sleep, sleep timing and chronotype in animal behaviour*, in *animal Behaviour*, vol. 94, 2014, pp. 161–166, DOI:10.1016/j.anbehav.2014.05.001, ISSN00033472.

[113] Ricci, C. (2011). *Hikikomori e adolescenza: Fenomenologia dell'autoreclusione*. Milano, Italia: Mimesis Edizioni.

Depressione ed alterazioni dell'umore dell'Hikikomori

Il loro umore è solitamente depresso e spesso accompagnato da pensieri di morte ricorrenti, idee suicidarie, letargia, apatia e sentimenti di colpa e autosvalutazione[114]. In parte ciò discende direttamente dai fenomeni fisiologici che abbiamo appena ricordato, poiché quando si parla di alterazioni ormonali indotte dalle alterazioni ipotalamiche causate dal ritmo sonno veglia ci riferiamo ad un fenomeno molto complesso che coinvolge in toto il nostro organismo.

L'ipotalamo controlla l'ipofisi che controlla a cascata tutti gli organo endocrini: il surrene in primis coi suoi importantissimi ormoni: cortisolo, androgeni, ed ormoni mineral-attivi. Ma anche la tiroide, le gonadi, subiscono uno stretto controllo ipotalamico. Il circuito cerebrale della serotonina ha a che fare con la depressione in particolare l'attività serotoninergica aumenta con l'attività motoria, si modifica con intensi stimoli visivi. Le proiezioni discendenti formano un percorso che inibisce il dolore chiamato "percorso inibitorio discendente" che può essere rilevante per il disturbo come la fibromialgia, l'emicrania e altri disturbi del dolore e giustifica l'efficacia degli antidepressivi utilizzati in questi pazienti. Le proiezioni serotoninergiche dei nuclei caudali sono coinvolte nella regolazione dell'umore, le emozioni e gli stati di ipo o iperserotonergici possono essere coinvolti nel comportamento di depressione e malattia.

---

[114] Saitō, T. (1998). *Shaikaiteki hikikomori:* Owaranaishishunk [Hikikomori: Adolescence without end]. Tokyo: PHP Kenkyuujo.

Il tumulto di emozioni dell'Hikikomori

Emozione[115] deriva dal latino *emotiònem, che deriva da emòtum* participio passato di *emovère*, trasportare fuori, smuovere, scuotere. La particella *"e"* aggiunta all'inizio della parola conferisce forza al verbo, e indica che questo "moto" ha un'origine, una provenienza. L'emozione è quindi qualcosa che muove di più, che smuove dall'interno...

Le emozioni[116] sono state mentali[117] e fisiologiche generalmente brevi ed istantanee, associati a modificazioni psicofisiologiche, per lo più si evocano in risposta a stimoli interni od esterni o a ricordo e rievocazione degli stimoli stessi.

Comunemente identifichiamo quali emozioni la gioia, la paura, la sorpresa, la tristezza, la rabbia.

Funzione delle emozioni

Dal punto di vista sociologico le emozioni rivestono anche una funzione relazionale poiché comunicano agli altri le nostre reazioni psicofisiologiche potendo creare aggregazione e complicità necessarie per il consolidamento dei legami sia in ambito famigliare che comunitario.

Le emozioni hanno una funzione psico-auto-regolativa, di comprensione dei propri stati d'animo e delle proprie modificazioni psicofisiologiche in risposta agli stimoli ambientali e soprattutto all'interazione con gli altri.

La funzione antropologica del disprezzo per esempio è aggregativa, poiché favorisce la formazione del gruppo differenziandolo dagli altri gruppi, creando per il gruppo sia dei disprezzati che di chi lo esercita un'identità propria. La funzione antropologica della paura è sia aggregativa che protettiva, poiché protegge la prole, favorisce la formazione del gruppo famigliare e sociale.

---

[115] "Neurofisiologia e psicobiologia delle emozioni" con A Aceranti, A Ferrante, di EFBI novembre 2015.

[116] Kandel, ER, Schwarts JH, Jessel TM "Principi di neuroscienze", Casa editrice ambrosiana. Milano 2012.

[117] "Elementi di Neurologia" con A. Aceranti e M. Tuvinelli, di EFBI, 16 novembre 2016.

Quando le emozioni prendono il sopravvento il significato delle stesse deve essere contestualizzato.

Classificazione[118] delle emozioni

- Emozioni elementari riflesse: **spavento,** arco riflesso complesso
- Emozioni elementari semplici innate (proto-emozioni): **sorpresa, paura, gioia, tristezza, rabbia.**
- Emozioni elementari acquisite: **disgusto, paura, interesse e disprezzo.**
- Emozione elementare in risposta al disgusto: **imbarazzo.**
- Emozioni complesse: **l'orgoglio, la vergogna, la gelosia, il senso di colpa, la superbia, la fratellanza, l'amore, l'odio.** Questi più che vere e proprie emozioni rappresentano degli "organizzatori primari" entrando a far parte della condizione morale, propria dell'uomo.

Negli adolescenti con sindrome di Hikikomori le emozioni che dominano sono la paura, la rabbia, la tristezza e come organizzatori primari la vergogna ed il senso di colpa.

Sviluppo delle emozioni

Nel bambino molto piccolo[119] (0-1 anno) non si può evocare la paura che compare invece verso i 18 mesi, per completarsi a 2-4 anni.

Fino a questa età i bambini devono essere protetti perché non colgono le conseguenze delle proprie azioni, non percepiscono il pericolo.

Per paura si intende un'emozione che viene evocata in situazione di pericolo. È presente in tutti gli animali, facilmente suscitabile ed osservabile. È l'emozione meglio studiata, di solito si evoca grazie al pericolo di un danno fisico, alla minaccia di un dolore fisico o psicologico, alle variazioni improvvise che potrebbero nuocere a noi ed al nostro branco. Esiste per l'essere umano la paura innata di tutto ciò che striscia ed ha forma allungata, forse come arcaica paura dei serpenti: abbiamo più paura dei serpenti che non delle armi.

Ma la paura si può anche apprendere, tramite le esperienze: possiamo apprendere ad aver paura praticamente di qualsiasi cosa.

---

[118] Neurofisiologia e psicobiologia delle emozioni" con A Aceranti, A Ferrante, di EFBI novembre 2015.

[119] "Il contesto neurofisiologico dello sviluppo emozionale" "Stelle e stalle" edizioni e EFBI, agosto 2013.

La paura veicola il messaggio forte ed autoprotettivo: "pericolo imminente, devo far fronte ad un pericolo." Quando uno ha paura gli vediamo in volto le stesse espressioni… quali che siano la sua etnia, lingua e cultura.

La funzione della paura è di protezione, è la preparazione a contrastare un'aggressione. È la reazione più immediata ed istantanea a qualcosa percepito come pericoloso che incombe ci permette e ci dà energie e risorse per opporci, per cambiare le cose, per proteggerci, per reagire in modo immediato ed efficace alla situazione. Quando la situazione che può provocare danno sopraggiunge possiamo percepire il pericolo, avere paura o avere terrore. Questa è una escalation di intensità della nostra emozione. Di solito il terrore ci paralizza e ci impedisce di fare qualsisia cosa.

La paura può precedere o seguire la rabbia.

Paura del male[120] che possiamo avere, di non saper fronteggiare la situazione, paura della intensità della nostra emozione stessa, rabbia perché ci sentiamo inadeguati.

Paura di perdere il controllo, paura di perdere i nostri cari, la vita, la nostra autonomia, i nostri beni, il nostro prestigio. Talvolta si accompagna alla rabbia, al disgusto e al disprezzo per noi stessi, al senso di colpa ed alla vergogna che deriva dal fallimento. Tutte queste emozioni nascono nella stessa area del cervello, dal sistema limbico.

Minacce incombenti e minacce immediate[121]

L'individuo in preda alla paura si sente minacciato. Esistono differenti tipi di minacce che possiamo distinguere sul piano della fisiopatologia.

- **La minaccia immediata** a cui rispondo con l'immobilità: mi nascondo oppure fuggo. Ho analgesia per il dolore. Sono concentrato su ciò che sto facendo.
- **La minaccia incombente** a cui rispondo in modi diversi, con vigilanza, tensione muscolare. Amplifico la sensazione di dolore. Posso essere molto agitato. Posso avere attacchi di panico.

Sono coinvolte differenti aree del sistema nervoso centrale[122] ed endocrino, non solo il sistema limbico.

---

[120] Aceranti, A, Vernocchi, S "Fisiopatologia delle emozioni", "Il contesto neurofisiologico dello sviluppo emozionale" "L'espressione delle emozioni" "L'espressione delle emozioni nel volto" in "Stelle e stalle" edizioni e EFBI, agosto 2013.

[121] Kandel, ER, Schwarts JH, Jessel TM "Principi di neuroscienze", Casa editrice ambrosiana. Milano 2012.

[122] Glossario OMS della Promozione della Salute World Health Organization, Ginevra. Centro Regionale di Documentazione per la Promozione della Salute, DoRS, 2012.

La minaccia immediata

La minaccia immediata innesca i meccanismi e gli automatismi che proteggono. Mi nascondo, resto immobile, fuggo per mettermi in salvo e se non posso farne a meno mi preparo alla lotta, alla battaglia, al combattimento, difendiamo ciò che riteniamo nostro, difendiamo noi ed il nostro "branco".

Avremo innescati tutti i meccanismi arcaici:

1. immobilità: mi nascondo, trattengo il respiro, mi ritiro nelle spalle, faccio la tartaruga, ogni esigenza viene meno (fame, sete, andare al bagno);
2. fuggo: il battito cardiaco accelera, i respiri sono profondi e più frequenti, la muscolatura striata degli arti si riempie di sangue, non sento gli stimoli fame, sete...
3. combatto: tutte le precedenti del punto 2 più analgesia per il dolore. Sono concentrato su ciò che sto facendo, ignoro il mondo intorno.

Avremo innescati tutti i meccanismi arcaici[123] della sopravvivenza che coinvolgono il sistema endocrino ed il sistema nervoso autonomo, riportati qui sotto.

4. Tachicardia mediata dall'ortosimpatico.
5. Contrazione muscolare con preparazione della muscolatura degli arti che si riempiono di sangue mediata dall'ortosimpatico.
6. Midriasi e successivamente miosi a seconda delle condizioni.
7. Bronco-dilatazione per respirare meglio mediata dal surrene e dall'ortosimpatico.
8. Inibizione delle funzioni non necessarie equilibrio orto/para.
9. Liberazione di dopamina ed endorfine con effetto analgesico.

Immobilità, fuga, lotta

Sono meccanismi sani che l'organismo possiede per contrastare una situazione di pericolo. Di volta in volta si sceglie cosa sia più conveniente mettere in atto. Sicuramente saranno inibite tutte le reazioni mediate dal sistema nervoso "parasimpatico" e si attiverà solo "l'ortosimpatico" che è preposto proprio alla preservazione dell'integrità della nostra persona e del nostro "branco."

---

[123] Arnold, MB, "Emotion and personality", Columbia University Press. New York, 1960.

Paura ed ansia

La paura pervade gli adolescenti che rimangono in uno stato di vigilanza attiva e continua, tensione muscolare, stato di allerta. Amplifico la sensazione di dolore per l'effetto dell'adrenalina e dei mediatori chimici. Posso entrare in uno stato di agitazione, posso avere attacchi di panico. Sono coinvolte differenti aree del sistema nervoso centrale ed endocrino. La minaccia incombente impedisce di elaborare un piano di difesa, ci paralizza, ci impedisce di reagire in qualche modo.

Alla lunga potremo avere patologie quali:

- stato d'ansia o vera e propria ansia patologica;
- fobie con limitazione della nostra attività e libertà di movimento;
- attacchi di panico.

Queste situazioni finiscono con l'interferire pesantemente nella vita privata, scolastica e lavorativa, nonché nella vita affettiva. L'intensità della paura di una minaccia incombente è estremamente variabile, molto soggettiva, alcuni individui forse per esperienze passate, presentano manifestazioni anomale alla minaccia di un pericolo, con incapacità nel controllo della paura.

Avremo pertanto il terrore agito con crisi d'ansia, attacchi di panico, disturbi del sonno, lo spostamento dell'oggetto su altro, con fobie per ciò che in realtà non è di per sé pericoloso, oppure la messa in atto di rituali ossessivi che devono rassicurare, a volte di esprime una regressione a stati di dipendenza tipici della vita infantile. In altri casi la dipendenza si trasforma in dipendenze da sostanze, chiusura e limitazione dei contatti, negazione del problema, esempi sono il «disturbo da attacchi di panico», «l'ansia patologica», «disturbo da stress post-traumatico», «fobie», «alcolismo», «ludopatie» e «disturbo ossessivo-compulsivo».

Rabbia e territorialità

I mammiferi e più in generale gli animali, demarcano e difendono il proprio territorio. Se gli animali vengono rinchiusi in uno spazio limitato si scatena la rabbia e l'aggressività che può giungere all'autolesionismo.

Anche gli esseri umani hanno bisogno di uno spazio personale, di un territorio nel quale si sentano protetti e che sia interdetto a tutti gli altri.

Questo territorio sul piano puramente fisico è un'area più o meno vasta attorno al nostro corpo.

Esiste anche una dimensione "tempo" che fa parte del nostro territorio personale, ce ne rendiamo conto quando qualcuno ci fa perdere tempo, sta occupando uno Spazio/Tempo che non gli appartiene.

Distinguiamo i fattori che condizionano lo spazio intimo:

- fattori razziali: per noi europei è sgradevole essere toccati quando si è in mezzo alla gente, rispetto ai giapponesi o agli arabi;
- fattori ambientali: chi è vissuto in campagna o in montagna ha bisogno di più spazio, rispetto chi è vissuto in città;
- fattori sociali: "spazio significa potere" vedi la scrivania, lo studio del capo, la reggia del re, l'auto o l'indossare pellicce, toghe;
- fattori personali: esperienze pregresse, patologia, fobie.

Vi sono ben definite zone attorno al nostro corpo la cui estensione identifica il livello di intrusione che noi permettiamo agli altri:

- Zona intima 20-50 cm
- Zona personale 50-120 cm
- Zona sociale 120-240 cm
- Zona pubblica 240-8 metri

Spazio intimo

La zona intima si estende da 20 a 50 cm attorno al nostro corpo. È l'area che possiamo raggiungere con le mani. È riservata agli amici più cari. È lo spazio in cui è possibile l'abbraccio, si sentono le parole comunicate a bassa voce, si avverte l'odore, il colore della pelle, si avvertono le variazioni del respiro, del colore della pelle, le espressioni, il senso di disagio.

Se entrando nella zona intima, l'altro si irrigidisce significa che abbiamo voluto spostare il rapporto ad un livello più personale ed abbiamo invaso lo spazio altrui. L'invasione della zona intima senza permesso può scatenare la rabbia.

Esiste uno spazio intimo virtuale che non è delimitabile fisicamente ma in senso astratto. Non è definito da centimetri, neppure temporalmente. La zona intima virtuale è astratta la cui violazione genera comunque rabbia, che può estendersi alle persone della nostra famiglia, del nostro credo religioso. Il nostro spazio intimo e anche in nostro spazio personale lo difendiamo dall'intrusione degli altri. L'estensione di questo territorio è più o meno vasta attorno a noi ed al nostro branco, e l'estensione dipende da differenti variabili culturali.

Gestione della rabbia

I ragazzi dell'Hikikomori presentano difficoltà nella gestione della rabbia. La rabbia può essere rivolta verso sé stessi o verso gli altri. Nella rabbia rivolta verso sé stesso può capitare di rompere mobili, suppellettili, vasi, armadi, porte, riportando ferite anche gravi, fratture del metacarpo, del metatarso, i suicidi sono molti rari[124], a differenza invece dei comportamenti violenti su cose o persone, i quali sono una conseguenza dell'incapacità di gestire la rabbia[125] e che, esprimono il risentimento nei confronti dei propri genitori, ai quali il ragazzo attribuisce la colpa per la propria sofferenza.

La rabbia nasce dal non essere riuscito ad essere abbastanza: abbastanza uguale al padre, abbastanza bravo, abbastanza intelligente, abbastanza famoso, abbastanza ricco.

Vergogna

L'esame di maturità in Italia è considerato per chi si accinge a completare il Liceo o la Scuola Superiore, un momento di passaggio, storicamente associato a grandi stress, grandi attese, e cocenti delusioni o soddisfazioni. Analogamente in Giappone possiamo considerale gli esami scolastici come un rito di passaggio verso l'autonomia. In caso di clamoroso insuccesso, molti ragazzi si tolgono la vita o si rifugiano126 in Hikikomori. La famiglia partecipa emotivamente ed economicamente al successo del figlio e, se il ragazzo non riesce a superare l'esame, si verifica uno stato di prostrazione che coinvolge tutti e che amplifica la vergogna del ragazzo, facilitando ulteriormente l'auto-reclusione.

Nella lingua giapponese la timidezza[127] e la vergogna sono termini che possono essere utilizzati l'uno per l'altro. E nei ragazzi che fanno Hikikomori è frequente che sia presente la timidezza come caratteristica caratteriale predominante.

---

[124] Saitō, T. (1998). *Shaikaiteki hikikomori:* Owaranaishishunk [Hikikomori: Adolescence without end]. Tokyo: PHP Kenkyuujo.
[125] Ricci, C. (2008). *Hikikomori: Adolescenti in volontaria reclusione.* Milano, Italia: FrancoAngeli.

[126] Moretti, S. (2010). Hikikomori. La solitudine degli adolescenti giapponesi. *Rivista di Criminologia, Vittimologia e Sicurezza, 4(3),* 41-48.
[127] Doi, T. (1991). *Anatomia della dipendenza. Un'interpretazione del comportamento sociale dei giapponesi.* Milano, Italia: Raffaello Cortina.

Hikikomori e dipendenza da internet e social

Si stima che almeno il 30% degli *hikikomori* giapponesi abbia una dipendenza da Internet e che nei paesi occidentali la percentuale sia persino più elevata[128]. Questa dipendenza favorisce il completo isolamento, la compromissione delle relazioni con gli altri e la perdita del contatto con la realtà circostante[129]. Gli *hikikomori* vivono quindi una realtà parallela caratterizzata da rapporti sociali che sono esclusivamente virtuali[130].

Anche la sessualità viene vissuta dai ragazzi Hikikomori attraverso i social, le relazioni sentimentali, le amicizie sono filtrate dai social.

I social costituiscono una barriera, una protezione dal mondo che viene avvertito come pericoloso.

Le relazioni sono pericolose.

Tanto più sono tenaci, tanto più sono intime, tanto più sono pericolose.

Di fatto le uniche relazioni che sono preservate sono all'interno della famiglia d'origine, e di solito con la figura materna.

I social sono il modo di conoscere ed approcciare la realtà che spaventa, sono mezzo infinito di conoscenza istantanea, immediata, e sembra che questo ci basti.

Pare che sia sufficiente.

Il DSMV ossia il manuale diagnostico dei disturbi mentali non ha riconosciuto la sindrome di Hikikomori, né la dipendenza da internet come patologie ossia diagnosi non valida ai fini assicurativi e legali. La dipendenza da internet e dai social è inclusa nella sezione terza che è riservata ad ulteriori approfondimenti e ricerche.

---

[128]   Ricci, C. (2014). *La volontaria reclusione. Italia e Giappone: Un legame inquietante.* Roma, Italia: Aracne.

[129]   Jeon, Y. J., & Seo, M. Y. (2006). High-school student' internet addiction and related variables. *Journal of the Korean Home Economics Association, 44(3),* 13–25.

[130]   Volpi, B. (2014). *Gli adolescenti e la rete.* Roma, Italia: Carocci.

Criteri diagnostici per la dipendenza da internet

Elementi che caratterizzano la dipendenza da internet e dai social sono riportati di seguito.

Maggior importanza alle relazioni virtuali, i social sostituiscono le relazioni reali, sentimentali, affettive, sessuali.

- Gli stati emotivi negativi ed i pensieri spiacevoli sono gestiti tramite internet ed i social anziché con relazioni concrete, discussioni e rapporti interumani,
- svalutazione della propria vita reale rispetto alla vita virtuale.

Bramosia verso l'uso dei social, i social sostituiscono le relazioni reali e non possiamo farne a meno.

- Tendenza ed impulso a guardare la posta o a connettersi più volte nell'arco della giornata di quelle che si desidererebbe fare o che sia necessario fare,
- pensiero pressante alla connessione,
- delusione e disappunto se non si ricevono mail o like o contatti,
- inadeguata percezione del tempo quando si è connessi ad internet, tentativo di nascondere agli altri quanto tempo si trascorra realmente su internet,
- difficoltà a sconnettersi anche quando lo si vorrebbe,
- utilizzo di social e telefono in circostanze inadeguate: nei riti, alla guida, a tavola.

L'uso dei social interferisce nel lavoro, con gli impegni personali e famigliari, la vita lavorativa e scolastica

- l'uso di internet interferisce negativamente con il lavoro, con la scuola, con le relazioni reali,
- perdita del lavoro, ripercussioni concrete, richiami per aver usato la connessione in modo improprio al lavoro.

Cambiamento nella propria personalità, nelle abitudini, nelle amicizie.

- Costruzione di un alter ego, costruzione di una identità differente da quella reale,
- costruzione di più profili che non corrispondono alla realtà ed al proprio,
- furto di identità.

Bullismo ed Hikikomori

Il termine "bullismo" è un *adattamento della lingua italiana* del termine inglese "*bullying*" che definisce i comportamenti di prepotenza tra bambini e adolescenti. Questi comportamenti sono caratterizzati da oppressione fisica o psicologica e agiti in modo prolungato da una persona o da un gruppo nei confronti di una o più vittime.

Il termine originario anglosassone contiene in sé la parola inglese "*bull*" che significa "toro", dal momento che l'immagine irascibile, associata comunemente a tale animale, è stata usata inizialmente per sottolineare l'imposizione sugli altri, istintiva, basata sulla forza, caratteristica di molte forme di bullismo e principalmente delle prime tipologie individuate.

Il bullismo è una violenza ripetuta, che persiste nel tempo viene quindi classificata tra i comportamenti persecutori come lo stalking, il mobbing, il bossing che sono raggruppati e studiati dalla diossologia, che è un ramo della psicologia.

Come tutte le forme di persecuzione ai danni di una persona, anche il bullismo è caratterizzato da episodi di prevaricazione e persecuzione *ripetuti nel tempo e con una certa frequenza*, tali da instaurare emozioni negative durature nella vittima che li subisce, soprattutto insicurezza e paura.

Un'altra definizione[131] descrittiva viene offerta da Menesini: "*Si parla di bullismo quando una persona subisce prepotenze, quando un altro ragazzo o un gruppo di ragazzi gli dicono cose cattive o spiacevoli. È sempre prepotenza quando… riceve pugni, calci, minacce, quando viene rinchiuso in una stanza, riceve biglietti con offese e parolacce, quando nessuno gli rivolge mai la parola…*" (*Menesini, 2000*) [132]

Stante queste premesse possiamo definire il bullismo come una forma di comportamento aggressivo e violento con caratteristiche peculiari e distintive quali:

a) l'intenzionalità nel voler ferire la vittima

---

[131] Bullismo che fare? Prevenzione e strategie d'intervento nella scuola di Ersilia Menesini- Giunti Editore- 2000.

[132] Bullismo che fare? Prevenzione e strategie d'intervento nella scuola di Ersilia Menesini- Giunti Editore- 2000.

b) la sistematicità della violenza

c) l'asimmetria di potere tra bullizzato e bullo.

Il comportamento del bullo[133] è caratterizzato da atti violenti psicologici o fisici, reiterati, intenzionali, pubblici, volti a umiliare un soggetto posto in posizione subordinata o che presenta menomazioni, disabilità, handicap fisici. Il bullo si trova in posizione di potere, ed esercita in modo plateale la violenza stessa.

Il soggetto bullizzato modifica il proprio comportamento, anche stabilmente per sfuggire dalla situazione ed esprime sofferenza per la circostanza.

Nella nostra società per gli adolescenti, ma anche per i bambini nella fase della latenza, dai 5 ai 9 anni, e per i giovani, il giudizio del gruppo dei pari è centrale e cruciale. Il ritiro Hokikomori può giungere proprio dopo un evento di questo tipo, dopo un episodio di bullismo.

Di fatto anche un non più giovane che perde il lavoro entra in uno stato di prostrazione psicologica tale da desiderare la morte a causa non tanto del disagio economico, quanto della vergogna come è accaduto qualche anno fa a causa della crisi economica in Grecia.

Il rifiuto scolastico, l'isolamento sociale, e infine all'auto-reclusione possono essere conseguenza di un evento occorso nel gruppo dei pari. Il bullismo costituisce quindi un ulteriore fattore di rischio per lo sviluppo di Hikikomori. Lo studio di Hattori134 infatti, ha riportato come il 54% dei ragazzi con Hikikomori partecipanti al suo studio ricordava di aver subito violenze verbali e fisiche.

Il non luogo del bullismo

Il luogo ove si manifesta il bullismo è in realtà «un non luogo» è la terra di nessuno, che si manifesta nei corridoi, nei cortili, sulle strade, specialmente delle scuole, ma anche di altri luoghi pubblici e privati: oratori, piazzale della chiesa, stazione dell'autobus, marciapiedi, banchine dell'autobus.

Molto difficile controllare questi luoghi per i docenti, per i genitori, per i bidelli: il tratto tra la casa e la fermata dell'autobus a chi compete?

Il tratto tra la fermata e la scuola? Tra la classe e la palestra? Questi sono i luoghi preferiti per i bulli.

---

[133] Il bullismo in ambito scolastico Fattori di rischio, vittimologia e prevenzione. Aceranti A et al. Luglio 2017.

[134] Hattori, Y. (2005). Social withdrawal in Japanese youth: A case study of thirty-five Hikikomori clients. *Journal of Trauma Practice, 4*, 181-201.

Nel caso del Cyberbullismo è lo spazio virtuale, la rete, se non sei provvisto di mezzi adeguati non lo puoi vedere, non lo individui, è un luogo virtuale.

Ma proprio perché uno spazio virtuale non puoi contenerlo non è facile dare dei confini.

Si apre un capitolo relativo alla competenza ed alla responsabilità: a chi compete vigilare?

Chi ha il compito di intervenire se gli episodi avvengono nei "non luoghi" tipici?

Il bullismo come fenomeno universale

Manifestazioni simili al bullismo possono essere individuate in situazioni non legate all'ambiente scolastico, probabilmente sono proprie dell'essere umano, del gruppo dei pari in particolare.

Affinché si possa parlare di bullismo sono necessarie alcune figure costanti che abbiamo identificato e riportiamo qui sotto.

- Il bullo, o maschio alfa, o leader
- La vittima, o il capro espiatorio
- Gli spettatori sostenitori dell'uno o dell'altro, o simpatizzanti, o co-attori
- La maggioranza silenziosa
- L'autorità che viene sfidata dal bullo
- La ripetitività e ritualità dei gesti vessatori.

Di fatto atti di aggressività, di repressione, di prepotenza e prevaricazione nei confronti dei soggetti più deboli si verificano in tutti i gruppi ove vi siano soggetti che possono assimilarsi al gruppo dei pari come lo si intende in "senso scolastico".

Quindi episodi di bullismo, nonnismo, goliardia, iniziazione per l'adesione alle confraternite, si sono visti nel passato, nelle diverse culture, in qualsiasi ceto sociale, in qualsiasi condizione economica.

Qualcosa di molto simile al bullismo si può vedere anche nelle congregazioni religiose, nei corpi militari, nelle caserme. Nelle caserme si parla di "nonnismo" nei confronti degli ultimi arrivati. Negli istituti penitenziari tra i detenuti stessi, nei confronti degli ultimi arrivati si possono avere episodi di violenza per difendere i diritti acquisiti, i piccoli privilegi che in ambito angusto di una prigione possono avere un significato importante.

Nel sistema scolastico dalle Università come vessazioni alle matricole, alle scuole elementari con i più semplici fenomeni di bullismo, indipendentemente dal ceto sociale, e dal tipo di scuola, pubblica o privata questo tipo di vessazione si è riproposta negli anni.

Ora siamo più sensibili, più attenti forse perché abbiamo meno figli e possiamo seguirli meglio.

D'altra parte, qualcosa di analogo accade anche nelle famiglie patriarcali ove ci sono molti figli, oppure convivono più nuclei famigliari con cognate e cugini e quindi si possono riproporre schemi di comportamento analoghi. Nei luoghi di lavoro si parla di "nonnismo" nei confronti degli ultimi assunti, oppure di *mobbing, bossing"*.

Personalità della vittima

La vittima presenta una struttura di personalità detta appunto[135] vittimologica che ben si presta ad essere vittimizzata diventare oggetto delle violenze dei bulli.

Le teorie vittimologiche disegnano il profilo della vittima e tentano di spiegare come mai alcuni siano bersagli più frequenti di altri di atti di violenza. Alcune di queste teorie tradiscono un modo di pensare poco rispettoso della persona che ha subito violenza e ne discuteremo in un capitolo a parte.

La teoria attualmente più accreditata è detta della "predisposizione ad essere la vittima" non attribuisce alcuna colpa alla vittima, ma piuttosto si concentra sulle interazioni che fanno la persona più vulnerabile a subire un abuso.

Le caratteristiche che più spesso si riscontrano nelle vittime di bullismo sono riportate qui sotto.

- Difetti fisici molto evidenti: essere magra o grassa, bassa, alta, asimmetrica, con cicatrici evidenti, con disabilità, presenza di ginecomastia nel maschio.
- Differenze rispetto al gruppo dei pari: non rientrare nello standard: più vecchia, più giovane, troppo basso o troppo alto rispetto alla maggioranza, troppo sviluppato, o per nulla sviluppato in relazione ai caratteri sessuali secondari: barba, baffi, peli, mammelle troppo o per nulla sviluppate.
- Appartenenza ad una minoranza: colore della pelle, degli annessi, etnia, lingua, differenze che si evidenziano con un odore particolare, cattivo odore o odore di cibo, o odore di sudore, avere una alimentazione differente, un abbigliamento caratteristico, professare una religione diversa.

---

[135] Guadagnini Giuliana A Rivista dell'AIAF (Associazione Italiana degli Avvocati per la Famiglia e per i Minori) 2016/3 - La violenza di genere Il ruolo dell'avvocato per la tutela effettiva della vittima. G. Giappichelli Editore srl 2016 -http://www.aiaf-avvocati.it/rivista-quaderni-aiaf.

- Presenza di disabilità più o meno evidenti: carrozzina, stampelle, occhiali, essere non vedenti e non udenti.
- Nome insolito o che ha più di un significato, che si presta a storpiatura.

La vittima se non supportata può andare incontro alla vergona tossica ed arrivare al suicidio.

Discuteremo nel suicidio giovanile in un capitolo a parte.

Ricordiamo che il tasso di suicidio è piuttosto consistente e nei giovani rappresenta una delle principali case di morte, secondo solo ai traumi in Italia, e all'AIDS e traumi nel resto del mondo.

Vittimizzazione in Italia

L'indagine sulla vittimizzazione in Italia è uno strumento per tentare di misurare e conoscere quei reati, e quegli eventi che potrebbero configurarsi come reato, che le vittime non hanno denunciato né alle forze dell'ordine, né alla magistratura, e che rimarrebbero altrimenti sconosciuti, nonostante la loro consistenza numerica. L'indagine condotta ogni 5 anni utilizza differenti indici: la prevalenza (numero di vittime di reati in un periodo determinato), l'incidenza (tiene conto del numero delle vittime di reati sulla popolazione di una zona in determinato un periodo), la concentrazione (riferita al numero di vittime di uno specifico reato rispetto a 100 vittime), ha come fonte primaria le indagini eseguite in modo capillare con questionari ed interviste, raccolte di dati incrociati con il pronto soccorso, le forze dell'ordine, i centri d'ascolto.

Presentiamo[136] a titolo esemplificativo i dati raccolti a Verona e provincia. Dal 2015-2016 sono stati aperti 3 centri di informazione e consulenza del dipartimento delle dipendenze delle Ulss 20, 21 e 22 oltre all'Ufficio scolastico territoriale (Provveditorato) nella cui sede si trova il Punto d'Ascolto.

In questi 2 anni dal gennaio 2015 a tutto il 2016 sono state raccolte oltre 480 segnalazioni giunte al Punto Ascolto, quattro casi di suicidio e ben 27 «tentativi», 84 casi di autolesionismo grave, 397 segnalazioni di bullismo-cyberbullismo.

Rimane quindi l'evidenza della sproporzione tra l'esiguità dei numeri che giungono all'evidenza delle autorità e alle statistiche ed il numero reale, le

---

[136] Guadagnini G. A Rivista dell'AIAF (Associazione Italiana degli Avvocati per la Famiglia e per i Minori) 2016/3 - La violenza di genere Il ruolo dell'avvocato per l tutela effettiva della vittima- G. Giappichelli Editore srl - 2016 -http://www.aiaf-avvocati.it/rivista-quaderni-aiaf.

vere dimensioni del problema, il cosiddetto "numero oscuro" che è sempre molto più grande del numero denunciato.

Gli spettatori o maggioranza silenziosa

Come già ribadito poc'anzi, l'influenza del gruppo dei pari è fondamentale per appagare il bisogno di affiliazione sia della vittima che del bullo ed è un bisogno fisiologico per l'organismo in formazione. Qualsiasi adolescente farebbe di tutto pur di farsi accettare, anche a costo della vita e della salute.

Il gruppo dei pari è responsabile almeno in parte, degli episodi di bullismo, infatti l'85% degli episodi avviene in presenza proprio del gruppo dei pari, e tra questi è la cosiddetta maggioranza silenziosa che costituisce una frazione numericamente rilevante. Proprio perché è numericamente rilevante si considera una risorsa di grandissimo valore sulla quale fare leva per ridurre la portata del fenomeno.

Nella maggioranza silenziosa si contano i simpatizzanti per il bullo ed i simpatizzanti per la vittima, che li assecondano con il loro "non verbale".

La maggioranza silenziosa ha la sua importanza specialmente nel cyberbullismo e nel bullismo indiretto.

Nel bullismo diretto gli spettatori sono per lo più o simpatizzanti del bullo o occasionali astanti che si trovano a ridacchiare, compatire, condividere più o meno distrattamente la battuta o comunque apprezzare la performance del bullo.

Nel caso di cyberbullismo il bullo posta il suo trofeo e lo invia bell'apposta ad un grande numero di spettatori, non è casuale, ma voluta, la diffusione della violenza o del fatto privato.

Nel bullismo indiretto si tratta di escludere dal gruppo dei pari il soggetto, oppure di non considerarlo, di ignorarlo, di fingere che non esista, o di disprezzarlo magari con un'occhiata. Questo porta alla prevaricazione, maldicenza, pettegolezzo, esclusione sistematica, rifiuto dal gruppo dei pari.

Nell'ambito degli spettatori possiamo individuare oltre ai sostenitori del bullo o meno spesso della vittima, anche chi non parteggia ma assiste comunque senza prenderne parte.

L'autorità

L'autorità che viene sfidata dal bullo è rappresentata dai genitori, dagli insegnanti, dal Dirigente scolastico, dai bidelli, dagli educatori, da chi ha in custodia il gruppo dei pari in quel momento, o nei casi più gravi dalle forze dell'ordine. La sfida non è mai esplicita ma piuttosto sommessa, nascosta ad esempio sfrutta le carenze strutturali del sistema di vigilanza scolastico, le ore di supplenza, in modo che il docente non conosca gli alunni e si possa facilmente ingannare, a volte è sufficiente che l'insegnante si volti, o sia distratto da una circolare, o da qualsiasi altro fattore che possa favorire il vuoto nella vigilanza e quindi il "non luogo".

La relazione del bambino con il gruppo dei pari è fondamentale perché impari a controllare la rabbia; poter modulare l'intensità e l'opportunità delle risposte aggressive in un gruppo è per certi aspetti indispensabile per il normale sviluppo del bambino.

I gruppi tendono a strutturarsi gerarchicamente secondo regole e meccanismi non scritti che sono stati identificati e studiati. La scuola riveste un compito fondamentale in questo senso: non consideriamo qui l'acquisizione di competenze, nozioni e cultura, ma della possibilità di confronto e collaudo di ciò che abbiamo appreso in famiglia riguardo alla capacità di relazionarci in modo efficace con gli altri in un contesto di gruppo.

Nelle situazioni istituzionali quali ad esempio nella scuola, nell'Università, nella gerarchia militare, nelle caserme, o anche nelle gerarchie sanitarie il comportamento sadico è tutt'ora in uso. È esperienza comune ricordare il comportamento chiaramente sadico di schiere di insegnanti che fanno dell'aula il sipario delle personali frustrazioni. Dalla scuola elementare fino all'Università l'atteggiamento crudele, sprezzante, intransigente, inquisitorio, perverso, di molte insegnanti può avere libero sfogo, anzi è per certi aspetti desiderato, auspicato anche dai genitori e dai presidi, e quindi gradito perché indice di efficienza. Saper mantenere la disciplina tiranneggiando gli studenti non fa che riproporre in alcuni di essi schemi e modelli già rivissuti in famiglia.

Nell'attuazione di questi comportamenti da parte di chi detiene il potere, siano essi insegnanti, comandanti, primari o caposala, magistrati ed al contempo nell'accettazione supina e quasi compiaciuta dell'atteggiamento sadico di costoro, da parte della morale corrente, (genitori inclusi) si gettano le basi per il manifestarsi dei fenomeni di "bullismo" e di "nonnismo" nel gruppo dei pari.

Personalità del bullo

Il bullo presenta tratti di personalità antisociale, borderline, da disturbo della condotta[137]. E benché il bullismo possa assumere svariate forme, ed i bulli possono essere sfuggenti, mimetizzati ed insospettabili all'osservazione esterna e degli adulti, risultano sempre evidenti e ben individuabili dal punto di vista dei ragazzi. Generalmente esiste un

---

[137] A.A.V.V. ed Maggioli - " Profili criminali e psicopatologici del reo " - 2014 -Collana Legale -ISBN 8891604040.

disequilibrio relazionale tra bulli e vittime che si basa in genere sulla forza fisica, su differenze psicologiche nella sicurezza in sé, o sul potere nel gruppo, o su difetti fisici evidenti.

I bulli sono spesso persone all'apparenza più forti fisicamente e i loro obiettivi da perseguitare diventano frequentemente i coetanei con disabilità o magri e deboli o, viceversa, grassottelli e impacciati.

Il 60% dei bambini che sono stati definiti bulli tra la IV elementare e la III media, all'età di 24 anni erano stati in prigione almeno una volta.

L'influenza del gruppo dei pari è fondamentale per appagare il bisogno di affiliazione e sia la vittima che il bullo desiderano farne parte.

Il disagio emerge davvero da questo fatto, è una esigenza della nostra psiche, è un bisogno fisiologico per l'organismo in formazione far parte di un gruppo, sentirsi accettati. Se così non fosse si potrebbe semplicemente ignorare il fenomeno, dare questo consiglio per difendersi dai bulli e sarebbe tutto più semplice. Invece un giovane, un adolescente farebbe qualsiasi cosa pur di farsi accettare, anche a costo della vita e della salute. Questo è importante anche per i rimedi possibili: l'intervento deve tenere conto delle dinamiche del gruppo altrimenti potremmo peggiorare la situazione.[138]

Il bullo non riesce a sentirsi appagato dall'essere *uno dei tanti nel gruppo dei pari,* deve emergere, deve distinguersi. Nello strutturarsi come bullo intervengono vari fattori quali per esempio il piacere della trasgressione, che è il più frequente.

Altri fattori che ricorrono meno frequentemente come molla per il bullo sono: esercitare la funzione di adultità ossia assumere in anticipo una funzione di adulto che può esercitare in modo esclusivo e fuori dagli schemi. Oppure esercitare il potere e sperimentare comportamenti vistosi o esasperati, acquisire e mantenere una nuova visibilità sociale per essere notati e riconosciuti.

Di solito i comportamenti del bullo presentano una certa ripetitività e talvolta si avvale di comportamenti fortemente ritualizzati che impone per esprimere l'affiliazione al gruppo dei pari.

Le nuove tecnologie sono veramente adatte ad intimorire, molestare, mettere in imbarazzo, far sentire a disagio o escludere altre persone.

In modo veloce e capillare si possono diffondere pettegolezzi attraverso messaggi sui cellulari, mail, social network; postando o inoltrando informazioni private, o foto private, o notizie private; o immagini o video imbarazzanti (incluse quelle false).

---

[138] Pini G. (2011), Prima del bullismo. La prevenzione del bullismo nelle scuole con il Teatro d'Animazione Pedagogico, Roma, Armando Curcio Editore. ISBN 978-88-95049-87-8.

Per schernire o per ferire si possono mettere in rete, come è realmente avvenuto in non pochi casi, scene di rapporto sessuale, scene di sesso orale sempre con contenuti molto espliciti; "rubando" l'identità e il profilo di altri, o costruendone di falsi, al fine di mettere in imbarazzo o danneggiare la reputazione della vittima; insultando o deridendo facendo minacce fisiche alla vittima attraverso un qualsiasi media. La bullizzazione tramite i social è tutt'altro che infrequente.

Sistema scolastico giapponese

Il sistema scolastico giapponese in principal modo in relazione alla disciplina e ed al rigore che sono elementi imprescindibili, è considerato un potenziale fattore di rischio per l'insorgenza di Hikikomori139.

Il curriculum scolastico in Giappone costituisce uno dei criteri fondamentali per la valutazione delle abilità individuali e sociali, il futuro dei fanciulli giapponesi, il fatto di poter scegliere se svolgere una determinata attività lavorativa dipende dal successo scolastico.

Gli studenti giapponesi subiscono una forte pressione ad eccellere sin dai primi anni scolastici140. L'elevata competitività, sia all'interno del singolo istituto sia a livello nazionale sfavorisce le amicizie e la solidarietà in favore della rivalità e dell'invidia. Esistono poi le graduatorie pubbliche esposte periodicamente dopo ogni sessione di esami. Questo sistema può favorire, soprattutto negli studenti con un basso rendimento scolastico, sentimenti di vergogna e di umiliazione, a cui può far seguito lo studio ossessivo e quindi l'auto-reclusione.

In Giappone le aziende più importanti tendono a selezionare gli aspiranti lavoratori in base all'Università in cui si sono laureati, privilegiando quelle di livello più alto. Ci sono perfino termini141 giapponesi coniati per indicare: *l'inferno degli esami o «shinkenjigoku»*, ossia la reclusione pre-esame e *«unioni»* ossia lo studente che ha fallito l'esame di ammissione universitario e che per un anno intero studia da solo per tentare nuovamente il test l'anno successivo.

L'isolamento del fanciullo, che durante il periodo di preparazione non lavora e non frequenta alcuna scuola, isolandosi dal gruppo dei pari,

---

[139] Saitō, T. (2010). *Hikikomori no hyouka shien ni kansuru gaidorain* [Guideline on evaluation and support of hikikomori], Tokyo: Ministry of Healt, Labour & Welfare.

[140] Ishikida, M.Y. (2005). Japanese education in the 21st century. *School-Related Problem, 4*, 122-125.

[141] Aguglia E., Signorelli M. S., Pollicino C., Arcidiacono E., & Petralia A. (2010). Il fenomeno dell'Hikikomori: Cultural bound o quadro psicopatologico emergente? *Giornale di Psicopatologia, 16*, 157-164.

abbandonando ogni amicizia, aumenta la probabilità di diventare un Hikikomori.

Sessualità nei ragazzi con Hikikomori

Hikikomori e sessualità

La sessualità rappresenta un elemento di non facile studio poiché attiene alla vita privata, e trattandosi di giovani che difficilmente mettono in comunicazione i propri punti di vista, tanto più sarà per un campo così delicato. Di fatto da un lato il sesso di questi ragazzi è mediato dal web, dall'altro gli Hikikomori più sovente si definiscono asessuati, altri presentano un calo della libido dovuto alla depressione o all'uso di farmaci che possono interferire con il desiderio, alcuni percepiscono il sesso come un ulteriore fallimento sentendosi totalmente inadeguati.

La Sessualità via web

Come già detto le relazioni interpersonali sono mediate dalla rete, anche il sesso può essere vissuto via web[142]. In questo modo il fanciullo si sente più protetto, non deve mettersi in gioco in una relazione vera, con veri rischi, con pericolo di esporsi, contatto fisico, malattie, gravidanze e soprattutto, non rischia di essere rifiutato, e quindi di soffrire.

Una relazione reale è impegnativa chiede tempo, promesse, illusioni, fedeltà una relazione virtuale mi lascia libero di entrare ed uscire a mio piacimento. Posso decidere se e quando connettermi. Posso avere anche più di una relazione contemporaneamente.

Il sesso via web si concretizzerà in esperienze pseudo-erotiche mediate dal pc e dalla web-cam, con masturbazione, magari condivisa, oppure con ostentazione di parti anatomiche, di atti sessuali, anche omosessuali senza che ci sia un orientamento omosessuale. Alcuni indugiano sulla pornografia, e più raramente alla masturbazione compulsiva.

---

[142] La sessualità umana e fisiopatologia sessuale in "come e perché amiamo" con LUDES, Aceranti A et al. 11.05.2013.

Asessualità dell'Hikikomori

L'Hikikomori spesso si considera asessuato ove l'asessualità si definisce come *un orientamento sessuale caratterizzato dalla mancanza di attrazione sessuale verso tutti i generi.*

Alfred Kinsey, [143] fu il primo, che forse mise in discussione l'eterosessualità obbligatoria e la castità, stimando attorno all'1%, la percentuale di persone che non avendo attrazione sessuale né verso il genere opposto, né verso il proprio potevano dirsi asessuali. A Kinsey si deve l'aver indicato con X le persone asessuali, si ricordi che nella sua scala i valori vanno dallo "0" (esclusivamente eterosessuale) al 6 (esclusivamente omosessuale). Oggi si pensa che le persone asessuali siano tra il 3% ed il 5% della popolazione.

Attrazione romantica ed attrazione sessuale

Le persone che si definiscono asessuali hanno introdotto un livello di complessità e di differenziazione rispetto all'attrazione verso l'altro sia in termini di orientamento che di tipologia di attrazione. Per cui possiamo definire due tipi di attrazione:

- attrazione romantica e
- attrazione sessuale.

L'attrazione romantica che ha a che fare con l'innamoramento, esprime il desiderio di stare con l'amato, di corteggiare ed essere corteggiato, può precedere o meno l'attrazione sessuale.

Differenze di orientamento dell'attrazione

Una persona che definiamo abitualmente etero*sessuale*, di solito è attratta *sessualmente* dalle persone di genere/sesso opposto al proprio (quindi con desiderio di avere intimità sessuale con queste), ed è attratta *romanticamente* da persone del genere/sesso opposto (quindi con il desiderio di avere una relazione romantica con queste). Quindi sarà, al tempo stesso etero*sessuale* ed etero*romantica*. Non è detto che i due orientamenti debbano coincidere: una persona asessuale non deve quindi necessariamente essere *a*romantica, quindi non ricercare nessuna relazione di tipo sentimentale.

Le persone asessuali sono, quindi, sia *a*romantiche, che *etero*romantiche, *omo*romantiche, *bi*romantiche, *pan*romantiche e *poly*romantiche.

---

[143] Alfred Kinsey, *sexual behaviour in the human male* (1958) e *sexual behaviour in the human female* (1953).

Secondo un sondaggio informale svolto tramite la pagina Facebook della comunità italiana, l'orientamento romantico degli asessuali italiani è così diviso:

- 33% eteroromantico
- 20% bi-pan romantico
- 16% omoromantico
- 16% aromantico
- 15% riporta un orientamento romantico "non definito".

Demisessuali e forme intermedie

Le persone non sono bianche o nere ma hanno mille sfumature di grigio. Non hanno un orientamento sessuale "pieno", quindi o "totalmente" sessuali o "totalmente" asessuali. Ci possono essere delle "vie di mezzo".

Si definirà demisessuale *chi ha attrazione sessuale solo dopo aver stabilito un solido rapporto con l'altra persona. Di solito questo rapporto è di natura romantica.*

Molti Hikikomori si professano demisessuali, ovvero in grado di provare attrazione sessuale solamente nei confronti di persone con le quali instaurano precedentemente un forte legame emotivo. Potremmo definirla una visione romantica del sesso, profondamente in contrasto i valori dominanti della società attuale.

Inadeguatezza dell'Hikikomori

Alcuni Hikikomori vedono il sesso come una cosa talmente lontana da loro, da non porsi nemmeno il problema, concentrandosi piuttosto sul bisogno più urgente di riuscire a instaurare legami di amicizia e/o sentimentali in genere. Tuttavia, ammettono che, nel momento in cui vi si soffermano, la poca o nessuna esperienza in ambito sessuale li fa sentire molto inadeguati. Il problema c'è ed è riconosciuto, ma semplicemente o viene evitato o collocato su una scala di priorità secondaria.

C'è poi chi vive il sesso come un fallimento profondo e come una pressione che genera grande disagio. Una di quelle mancanze di cui dover rendere conto al mondo esterno e che dunque spinge a evitare le relazioni interpersonali in modo da non provare vergogna. La maggior parte degli Hikikomori sperimenta un forte calo della libido, a causa dell'apatia, della depressione o degli eventuali farmaci antidepressivi assunti.

Hikikomori in Italia

La sindrome dell'Hikikomori si sta diffondendo anche in Europa[144] ed in Italia.

Il MIUR (Il Ministero dell'istruzione, dell'università e della ricerca) il 19 febbraio 2019 ha emesso un decreto con cui ha istituito il Comitato Tecnico Nazionale che si occuperà di definire azioni per la tutela del diritto allo studio di alunni e studenti in condizione di ritiro sociale volontario arrivando a considerare l'Hikikomori come una nuova emergenza educativa, inserendolo così nei Bisogni Educativi Speciali (B.E.S.).

L'eterogeneità della popolazione italiana[145] rende ragione del fatto che attualmente non sono molti i casi italiani conclamati, non esistendo uno strumento di misura e una standardizzazione[146] degli strumenti di sorveglianza.

L'associazione italiana che si esprime tramite il sito www.hikikomoriitalia.it riesce a dare informazioni sulla situazione nel nostro Paese con due distinti gruppi per ragazzi e per genitori, in libera adesione, tramite facebook. Tale associazione ha stipulato legami con associazioni regionali di auto-aiuto.

Pertanto, possiamo dire che ci sono differenze tra gli Hikikomori italiani e quelli giapponesi che cercheremo di sottolineare qui di seguito.

---

[144] Lee, Y. S., Lee, J. Y., Choi, T. Y., & Choi, J. T. (2013). Home visitation program for detecting, evaluating and treating socially withdrawn youth in Korea. *Psychiatry and Clinical Neurosciences, 67*, 193-202.

[145] Sakamoto, N., Martin, R. G., Kumano, H., Kuboki, T., & Al-Adawi, S. S. (2005). Hikikomori, is it a culture reactive or culture-bound syndrome? Nidotherapy and a clinical vignette from Oman. *International Journal of Psychiatry in Medicine, 35*(2), 191-198.

[146] Nagata, T., Yamada, H., Teo, A. R., Yoshimura, C., Nakajima, T., & van Vliet, I. (2013). Comorbid social withdrawal (hikikomori) in outpatients with social anxiety disorder: Clinical characteristics and treatment response in a case series. *International Journal of Social Psychiatry, 59*(1), 73-78.

Gli italiani[147] sono per lo più giovani tra i 14 e i 30 anni, con rapporto ragazzi/ragazze di 7/3, di estrazione sociale medio-alta, figli unici, o con un fratello o sorella molto più grande, genitori entrambi laureati, con ritiro sociale che duri da almeno 6 mesi, esordito con fobia scolare, dipendenza da Internet, problemi di addormentamento ed inversione del ritmo notte-veglia, eccessiva timidezza, alti livelli di ansia, episodi di violenza fisica agita verso oggetti o auto agita.

Non tutti gli Hikikomori italiani[148] fuggono da regole o da un sistema troppo severo, i più faticano a gestire il rapporto con il gruppo dei pari. Gestire le relazioni non è semplice.

Non rifiutano la società, anzi, tentano disperatamente di farne parte ma, hanno maturato la convinzione di essere diversi da tutti, e perciò ne risultano esclusi.

Rinchiudersi, separarsi pare una soluzione accettabile. Lo spazio della propria stanza può essere accettabile, ristretto, sicuro, vicino ai genitori. Inoltre, stare soli può illuderci di non dover rendere conto a chicchessia. L'isolamento degli italiani non è quasi mai totale il pranzo o la cena può avvenire coi genitori, e di solito qualche amico viene ammesso di tanto in tanto magari per condividere un video game.

La storia di Akko

Classe 1999, brillante ragazzo secondo genito, il papà ingegnere in prime nozze aveva avuto una figlia, trentaduenne ormai sposata, la madre di Akko, di origine olandese, 44 enne, laureata in lingue e letteratura di fatto è casalinga.

Akko ha frequentato la scuola materna bilingue, parla oltre l'italiano, l'inglese, l'olandese, anche il francese ed il portoghese. Il padre infatti per lavoro è spesso all'estero e nei primi anni di vita madre e figlio si concedevano lunghe vacanze nei paesi ove il papà si recava per lavoro.

Alla scuola elementare tutto fila liscio, anzi di più, è il primo della scuola non solo della classe, si concede lunghe vacanze, riesce ad apprendere in modo autonomo, senza sforzo. Lo sport il tennis, le arti marziali, la pallavolo…il calcio no, non fa per lui. Ha imparato a sciare e a nuotare ma non gli piace, non gli va di spogliarsi né di immergersi in acqua o di esporsi al freddo. Tutto bene o quasi.

La madre è depressa, da quando Akko frequenta le scuole medie non può più seguire il marito nei viaggi e teme che lui la tradisca, si sente trascurata e poco realizzata. Segue il figlio in ogni attività forse per compensare il

---

[147] Ricci, C. (2014). *La volontaria reclusione. Italia e Giappone: Un legame inquietante.* Roma, Italia: Aracne.
[148] https://www.hikikomoriitalia.it/p/chi-sono-gli-hikikomori.html.

vuoto della sua vita. Conosce tutto di questo figlio. Trascorrono insieme praticamente ogni momento libero dalla scuola e dalle attività extra-scolastiche. La madre accompagna Akko ovunque. Dai 15 anni Akko trascorre sempre più tempo sui social, o a giocare ai video games. L'esame di maturità si avvicina e Akko si prepara per la sua performance.

Poi succede qualcosa, non sappiamo cosa ma da allora Akko non esce più dalla camera, o meglio esce solo per recarsi al bagno. Studia. L'esame di maturità è superato brillantemente ma non così brillantemente come avrebbe desiderato. Da allora Akko ha rinunciato a tutti gli impegni. Non più sport, non più viaggi con mamma, non più cinema con mamma….Solo studio. Ventidue ore su ventiquattro di studio.

Vuole fare ingegneria ma in una Università prestigiosa la migliore d'Italia. Akko non esce più dalla sua stanza, mangia pochissimo, è pallidissimo, la madre fa venire il medico di famiglia a visitarlo.

Poi test d'ingresso per l'Università prestigiosa: Akko resta escluso per 0,25 centesimo di punteggio, è la fine.

La portinaia trova il suo corpo davanti al marciapiede del semiinterrato, in prossimità della scala che conduce alla cantina dello stabile: si è lanciato dal settimo piano, per lui non c'è nulla da fare. La madre non si è resa conto, credeva dormisse. Lascia scritto sul suo PC una lettera di scuse per la famiglia, per lui la vita non aveva più senso.

Hikikomori over quaranta

Il Governo giapponese ha pubblicato i risultati preliminari di una ricerca che vede il fenomeno dell'Hikikomori diffondersi anche tra gli over quarantenni. Nei sondaggi precedenti ci si arrestava all'età di 39 anni. L'indagine del 2017, evidenziava tra i 5 e i 39 anni 541.000 Hikikomori. Questi dati seppur incompleti mostrano tra i 40 e i 64 in Giappone la cifra di 613.000 casi, con i maschi che rappresentano quasi l'80% del totale (fonte "The Japan Times"). Sommando i numeri emersi dalle due indagini, dunque, si supera abbondantemente il milione di Hikikomori. Alla ricerca hanno partecipato 3.248 persone, delle quali quarantasette sono risultate avere delle caratteristiche riconducibili alla definizione di Hikikomori (*che ricordiamo in Giappone è molto stringente e prevede un isolamento continuativo di almeno 6 mesi*), di cui il 76,6% maschi e il 23,4% femmine. Interessanti i dati relativi all'inizio dell'isolamento: il 27,7% si è ritirato tra i 20 e i 29 anni, l'8,5% durante i trenta, il 21,3% nel corso dei quarant'anni e ben il 19,1% dopo i cinquanta.
In Italia non ci sono dati che supportano o sconfessano tali rilevazioni tra la popolazione di pari età nel nostro Paese.

La Storia di Marco

Marco ha 42 anni, vive solo, madre 84 enne padre 89 enne in buona salute, lo hanno avuto avanti negli anni dopo la morte del primogenito di leucemia fulminante. Il primo figlio che si chiamava pure Marco si era ammalato all'età di 3 anni ed era morto dopo 3 anni, avendo trascorso in ospedale accudito dalla madre buona parte del tempo. Invece negli stessi anni il padre era stato sottoposto a ben 12 interventi addominali per diverticolite con plurime recidive e peritonite. Dopo la morte del piccolo marco la madre non si era più ripresa, caduta in depressione aveva tentato più volte il suicidio.
Il marito nel tentativo di aiutarla aveva cercato una nuova gravidanza, fatto che la moglie non aveva gradito sentendosi ingannata ed incompresa.
Nato il bambino e chiamato pure questo Marco, dopo i primi mesi di rifiuto l'aveva accettato quasi fosse una reincarnazione del fratello morto. La madre lo aveva cresciuto nel ricordo dell'altro figlio costringendolo di fatto a ripercorrere ogni tappa della sua vita. Il rapporto con la madre era

stato simbiotico ed accolto di buon grado dal piccolo che assecondava i desideri materni non appena venivano da lei espressi.

Finché i desideri materni erano ancora accettabili il bimbo non aveva apparenti turbe: anzi era molto più intelligente della norma, educato, disponibile, empatico con le attese materne, il figlio ideale.

Crescendo però iniziarono i problemi. Il fatto di essere stato sottoposto per tutta l'infanzia e l'adolescenza ad un continuo confronto fece di Marco un adolescente prima e poi un giovane con disturbo borderline di personalità.

Nessuna relazione stabile, nessuna amicizia vera, rapporti sempre e solo mediati dai social. Fascino da sfruttare per avere vacanze gratis, pranzi gratis, denaro. Nessun lavoro stabile.

Fintanto che trova sul suo cammino persone che può sedurre ed usare, vive una realtà stabile. Poi invece si innamora di un giovane altrettanto borderline, altrettanto in grado di sfruttare e di sedurre, da cui non è ricambiato.

Questo crea lo schianto. Marco si chiude in sé stesso e resta in casa per 1 anno e 4 mesi, perde il lavoro, resta connesso 20 ore al giorno. Almeno 3 pc sempre connessi, televisione in camera a tutto volume.

Come aiutare un ragazzo in Hikikomori

Diagnosi precoce

Per aiutare i ragazzi ad uscire dalla sindrome sono necessari strumenti di diagnosi precoce. In Italia gli Hikikomori completi sono forse pochi ma se consideriamo tutte le fasi intermedie della sindrome in cui può trovarsi un fanciullo sono molti di più. Inoltre, se consideriamo tutte le possibili vie di fuga da ciascuno stadio della sindrome sicuramente i ragazzi colpiti sono molti di più.

Facciamo alcuni esempi.

Il primo stadio la fobia scolastica: un ragazzo che salta la scuola, che *bigia*, che escogita ogni pretesto per non frequentare non è ancora un Hikikomori, forse lo sarà, forse no.

Il secondo stadio della sindrome è la ludopatica: il fanciullo boccato in questa fase non è ancora un Hikikomori. Le ludopatie possono condizionare la vita dell'individuo, sempre, in ogni età, anche in quella adulta o senile.

Il quarto stadio della sindrome si caratterizza per i disturbi del sonno. Se il fanciullo si rifugia nell'alcol o nell'hashish riuscirà a riposare ma non possiamo dire che è guarito. Ha trovato un meccanismo di fuga o di compenso utilizzando alcol o droghe.

Gli adolescenti italiani[149] sono caratterizzati da alti livelli di ansia sociale di cui Hikikomori sarebbe il grado più elevato. La fobia sociale rappresenta quindi una forma estrema di un disturbo d'ansia pre-esistente.

Infine, alcuni ragazzi manifestano un disturbo ossessivo-compulsivo strutturato e conclamato.

---

[149] Nagata, T., Yamada, H., Teo, A. R., Yoshimura, C., Nakajima, T., & van Vliet, I. (2013). Comorbid social withdrawal (hikikomori) in outpatients with social anxiety disorder: Clinical characteristics and treatment response in a case series. *International Journal of Social Psychiatry, 59*(1), 73-78.

Aiutare un ragazzo in isolamento[150]

Potemmo articolare l'aiuto inizialmente su alcuni punti che riportiamo di seguito.

- Essere disponibili all'ascolto.
- Non esprimere giudizi.
- Essere umili, non pretendere di sapere quale sarà l'evoluzione finale.
- Cercare di comprendere le ragioni dell'altro.
- Essere empatici ed emotivamente vicini.
- Non sfuggire al confronto ed alle domande.
- Non sfuggire al conflitto accettare lo scontro.

Una mamma per amica

L'ascolto attivo può essere una modalità di approccio, e se i ragazzi sono disponibili ad ascoltare, questo passo può essere già terapeutico.

Il progetto *una mamma per amica*, offre ai ragazzi in ritiro, la possibilità di comunicare *face-to-face* con una persona vera, matura, concreta che possa essere per loro un riferimento.

I centri d'ascolto organizzati nelle strutture private e convenzionate, con i finanziamenti regionali a progetto, ci permettono di aiutare in modo capillare i giovani che ne facciano richiesta.

Purtroppo, questo tipo di intervento può essere efficace solo nei giovani che riescono a chiedere aiuto, che riconoscono di avere un bisogno, che riescono ad uscire di casa.

I casi gravi con sindrome conclamata possono essere difficilmente aiutati.

Socializzazione nel gruppo dei pari

Il problema della socializzazione con il gruppo dei pari, che può essere il cuore del problema, sarà affrontato ma in un secondo tempo. Inizialmente si cercherà di avvicinare il ragazzo, conquistare la sua fiducia, condividere la sua sofferenza, restare empatici anche se non ne condividiamo o comprendiamo il senso del comportamento.

Riconoscere la sofferenza dell'Hihikomori, comprendendo il profondo disagio sociale ed esistenziale che egli sperimenta, senza banalizzarlo o sminuirlo in alcun modo.

Non temere i conflitti, la rabbia e l'aggressività se gestita correttamente può rivelarsi uno strumento importante per sbloccare situazioni anche complesse, favorire il dialogo, e la riflessione critica sul problema.

---

[150] https://www.hikikomoriitalia.it/p/chi-sono-gli-hikikomori.html).

Occorre concedere ai ragazzi gli spazi, i tempi, l'intimità e l'autonomia decisionale di cui necessitano, ma, allo stesso tempo responsabilizzarli circa l'effetto che i loro comportamenti hanno sulle persone che li circondano.

Coinvolgerli in attività magari anche semplici: fare la spesa, cucinare, fare il bucato, che li aiutino a evadere dai propri schemi e creino una discontinuità rispetto al proprio isolamento dal momento che gli Hikikomori tendono a sviluppare una routine rigida e solitaria.

Riscoprire la dimensione del desiderio ai ragazzi: scoprire e riscoprire il gusto delle cose, del fare le cose. Il gusto del cibo, il divertimento, il gioco.

Cercare i contatti nelle mura domestiche e da qui un passaggio atto all'uscita.

Organizzare uscite finalizzate ad una attività strutturata: un gioco all'aperto, fare la spesa, fare un percorso vita, andare a correre, comperare un gelato.

È importante uscire all'aperto almeno una volta al giorno per ripristinare il ciclo sonno veglia, esporsi al sole anche per pochi minuti tutti i giorni.

Utilizzare i social per la terapia dell'Hikikomori

Cybertherapy: consiste in una e-mail based terapy ove si realizza uno scambio di e-mail tra Hikikomori e professionista.

Voice Conference Therapy un incontro tramite video o chat.

Avatar Therapy in cui l'Hikikomori si reca virtualmente dal pedagogista collegandosi ad una piattaforma con il proprio avatar. (Bagnato, 2017).

Human Occupation: dopo un periodo di osservazione e valutazione e dopo aver identificato eventuali barriere sociali, culturali, psicologiche che limitano la sua autonomia e le sue capacità d'azione, il pedagogista cerca di esortare il soggetto ad eseguire attività finalizzate, di tipo psico – sociali, con lo scopo di stimolare le capacità sociali ed emotive (autostima, creatività, motivazione, comprensione delle regole etc…) utilizzando attività espressive, manuali, rappresentative, ludiche che determinino una routine di comportamento. In particolare, la consulenza pedagogica consente all'individuo di vedere le cose in maniera diversa, di avere una maggiore comprensione di sé e di avere consapevolezza dei propri condizionamenti interni ed esterni, favorendo interesse e fiducia verso i ruoli che gli vengono affidati e comprendendo le sue potenzialità. (Simeone, 2004).

Cooperative Learning: è una modalità di apprendimento cooperativo, basato sul gruppo, che utilizza il coinvolgimento emotivo e cognitivo dell'individuo come strumento di apprendimento. L'educatore "distribuisce" ruoli e responsabilità all'interno del gruppo. Ogni singolarità è importante per raggiungere lo scopo prefissato pertanto non ci sono né vincitori né perdenti. (Comoglio, 1996).

Pensare, però, che l'Hikikomori sia un problema che riguarda solamente il singolo individuo è scorretto. Bisogna invece riuscire a osservarlo in un'ottica sistemica, andando ad agire su tutti quei fattori, sociali, scolastici o familiari, che possono avere un impatto sulla condizione di isolamento. Genitori, insegnanti e adulti in genere dovrebbero sapere che il web non è un nemico se la relazione umana rimane il principale veicolo di comunicazione. Il web diventa pericoloso quando tra genitori e figli, docenti e studenti o tra i pari, non si parla più, e l'anaffettività relazionale e l'incapacità di provare emozioni profonde prendono il sopravvento. Proprio per il dilagare del fenomeno diverse sono, ad oggi, in Italia le associazioni che si occupano di sostegno alle famiglie e ai ragazzi che manifestano questo disturbo. Anche numerosi comuni italiani e uffici scolastici regionali hanno organizzato corsi, seminari, incontri per approfondire il tema.

Evoluzione della sindrome di Hikikomori

Possiamo dire che l'uscita dalla stanza avviene in molti modi tra cui riportiamo di seguito quelli più frequentemente descritti.

1. Guarigione, regressione dei sintomi e compenso con coinvolgimento scolastico, lavorativo o in relazioni importanti.

L'uscita dalla stanza non è detto avvenga grazie alla guarigione, più spesso è l'uso di farmaci quali benzodiazepine, prescritte dal medico o auto-prescritte, anche come abuso, a facilitare i contatti interumani. Da questi contatti può nascere una ripresa della vita di relazione magari con storie sentimentali significative che diventano strumento se non proprio di guarigione almeno di stabilità e di anelito alla vita normale.

2. Il ricorso al consumo di alcol, magari associato ai farmaci, tra questi le benzodiazepine, di cui ne potenziano gli effetti consente talvolta l'uscita dalla stanza. L'uso di superalcolici anche occasionale tra i giovanissimi è ora uno dei problemi correlati al disagio giovanile. Tale abuso tollerato e considerato quasi parte integrante del percorso di vita dell'adolescenza è di fatto presente in molti comportamenti associati al disturbo di personalità tipo borderline, alla dipendenza da sostanze, ai comportamenti para-suicidari.

3. Il ricorso a farmaci quali le benzodiazepine rappresenta la via più facile perché permette di sopportare e superare gli attacchi di panico e l'ansia. L'intervento psicoterapico può comunque associarsi alla prescrizione di farmaci che facilitano il supporto psicologico stesso.

   Non ritengo personalmente corretto che si imponga ad un adolescente, giovane o adulto che sia, di sopportare senza aiuto l'attacco di panico, l'angoscia di morte, il senso di vuoto e di inutilità della vita che spesso si associano ed impediscono di fare qualsiasi cosa.

   Gli effetti collaterali di farmaci quali gli ansiolitici se ben dosati e prescritti nel dosaggio e nella formulazione adeguata sono certamente minori dell'effetto di un attacco di panico o di una crisi d'ansia.

   Per la terapia dell'insonnia esistono molti prodotti dalla melatonina, allo zolpidem, alle benzodiazepine che consentono al paziente di riposare e favoriscono il ripristinarsi di un corretto ciclo notte-veglia.

4. Il ricorso a droghe, più spesso leggere come la cannabis, grazie all'effetto modicamente sedativo, ansiolitico, possono essere ritenute dai ragazzi terapeutiche, medicamentose, indispensabili... L'assunzione di cannabis viene utilizzata per l'effetto sedativo ed ipnoinducente e consente ai ragazzi di prendere sonno.

5. Il suicidio appare l'estrema risorsa in una minoranza di casi. Tratteremo questo tema nell'ultima parte del saggio.

6. La cronicizzazione dei sintomi conduce allo sviluppo di una sindrome ansioso depressiva, con limitazione della propria vita sociale e scelta o non scelta, di una vita ai margini.

7. Lo sviluppo di una sindrome ossessivo-compulsiva che permette il rientro nella vita normale con un compenso che lo caratterizzerà per tutta la vita. Alcuni di questi compensi sono per esempio l'ortoressia in cui il disturbo ossessivo-compulsivo si esprime nella ricerca ossessiva di cibi che rispondano a caratteristiche perfette: senza grassi, o con vitamine, o con cereali particolari, o senza conservanti, o senza lattosio, senza glutine ma senza alcuna prescrizione medica o necessità effettiva.

La sindrome ossessivo compulsiva può riguardare il controllo del peso corporeo, le funzioni evacuative, la dieta, la cura del proprio corpo, dell'aspetto fisico, della forma fisica, l'allenamento in palestra tanto per dirne alcuni.

Il suicidio dell'Hikikomori

Epidemiologia del suicidio

Secondo i dati forniti dall'Organizzazione Mondiale della Sanità,[151] muoiono in questo modo più di 800 mila persone all'anno, il suicidio è una tra le 10 cause più frequenti di morte in tutto il mondo.

La media globale, ogni 100 mila abitanti, è oscillante tra di 15 suicidi compiuti da uomini e di 8 suicidi compiuti da donne, 15:8, a 3 compiuti da uomini a 1 compiuto da donne a 3:1.

Il Para-suicidio o tentato suicidio (che si definisce un tentativo di suicidio che non era destinato ad avere successo) ed è più frequente:

- sesso femminile
- età < 35 anni
- bassa mortalità (utilizzo di un metodo suicidario non letale)
- alta possibilità di salvataggio, suicidio strumentale, con modalità plateali, molti messaggi per *farsi salvare*, ed ottenere un intervento
- diagnosi di disturbi dell'adattamento o di personalità.

Il Suicidio riuscito o suicido a compimento è più frequente:

- sesso maschile
- età > 60 anni
- alta mortalità (metodo letale)
- bassa possibilità di salvataggio
- disturbi dell'umore sempre o spesso presenti
- abuso sostanze piuttosto frequenti
- ideazione suicidaria ricorrente e verbalizzata
- corrente intenzionalità suicidaria esplicitata
- piano e dettagli, tra cui sforzi per assicurare i mezzi per realizzarlo, se applicabili recenti tentativi di suicidio
- pregressi tentativi di suicidio
- disperazione, sentirsi spalle al muro.

---

[151] **Giornata mondiale di prevenzione dei suicidi**, da Associazione Internazionale di Prevenzione dei Suicidi (IASP) Organizzazione Mondiale della Sanità (OMS),2014.

Il rischio di suicido cresce in modo direttamente proporzionale all'invecchiamento della popolazione.

Se consideriamo la fascia d'età tra 0 e 24 anni,[152] per esempio il suicidio è nettamente più frequente tra i 18 e i 24 anni.

Anche i tentati suicidi risultano essere molto più frequenti con il crescere dell'età nella popolazione tra 0 e 24 anni, prevalendo anche questi nettamente nella fascia d'età tra i 18 ed i 24 anni, dove sono circa il triplo dei suicidi con esito fatale.

Il suicidio, inteso come atto intenzionale, non accidentale, è raro al di sotto dei 13 anni di età.

Dai 25 anni in su si osserva un incremento progressivo del numero di suicidi.

Oltre i 65 anni di età, i tassi di suicidio sono in media quattro volte superiori a quelli dei giovani.

È più frequente nei mesi da marzo a luglio dopo Natale e dopo Capodanno, pochi giorni prima di questi periodi si ha una diminuzione dei suicidi per cui l'ipotesi più accreditata e quella della "aspettativa disattesa".

Anche il mese di maggio detiene un triste primato del mese primaverile con più suicidi.

Il giorno della settimana meno frequente è il mercoledì, più frequenti il sabato, la domenica e il lunedì.

Gli orari più frequenti sono le tarde ore della notte e le prime ore del giorno.

Esiste un gradiente suicidio Nord/Sud: Paesi freddi maggior suicidi, paesi caldi minor suicidi con alcune eccezioni.

Il paese con il minor numero di suicidi al mondo è l'Arabia Saudita (0,4), seguita da Siria (0.4), Kuwait (0.9), Libano (0,9), Oman (1) e Giamaica (1.2); poi c'è l'Iraq (1.7), dove però è più elevato il tasso di suicidi compiuti da donne, contrariamente alla tendenza globale.

I dati dei Paesi arabi devono però essere considerati con molta cautela in relazione alle difficoltà di questi popoli ad uniformarsi ad un linguaggio comune ed alla raccolta dei dati per quanto concerne il mondo femminile.

I Paesi con il tasso più elevato di suicidi sono invece Guyana (44,2), Corea del Nord (38,5), Corea del Sud (28,9), Sri Lanka (28,8), Lituania (28,2), Suriname (27,8) e Mozambico (27,4), seguiti da Nepal (24,9) e Tanzania (24,9).

In Europa i Paesi con il minor numero di suicidi sono Azerbaijan (1,7), Armenia (2,9), Georgia (3,2), Grecia (3,8), Tagikistan (4,2), Cipro (4,7), Italia

---

[152]   Il disagio in età evolutiva Analisi del fenomeno Organizzazione e attività della NPEE della AUSL di Bologna a cura di Giancarlo Rigon 15 Maggio 2006.

(4,7) e Spagna (5,1). Quelli con il numero più elevato sono Lituania (28,2), Kazakistan (23,8), Turkmenistan (19,6), Ungheria (19,1) e Bielorussia (18,3).

I Paesi col più elevato numero di suicidi al mondo, tra le donne, sono Corea del Nord, Guyana, Mozambico e Nepal; tra gli uomini sono Guyana, Lituania, Sri Lanka e Corea del Nord.

Tra le regioni italiane [153] nel 1982 al primo posto la Valle d'Aosta con un valore di 16.8/abitante, seguita da Umbria 10.3, dal Trentino-Alto Adige 10.2 e dall'Emilia Romagna 10.1.

Il tasso più basso era registrato in Campania con 1.8/abitanti seguita da Lazio 2.5, Puglia e Calabria 2.7, Sicilia 3.6, Sardegna 3.8.

Nel 2002 la regione con il più alto tasso è ancora la Valle d'Aosta seguita da Friuli-Venezia Giulia, Trentino-Alto Adige e Liguria.

È confermato, anche in Italia, un tasso medio di suicidi più elevato nelle regioni settentrionali rispetto a quelle meridionali.

Effetto domino o di trascinamento sociale del suicidio

I suicidi presentano un indubbio effetto di "trascinamento sociale". L'analisi storia ci rivela come si ebbe una sorta di epidemia di suicidi dopo alcune pubblicazioni come è accaduto per "I dolori del giovane Werther" nel 1774 di J. W. Goethe, ed infatti per questo motivo il libro fu per qualche tempo bandito. Altri esempi storici vedono "Lettere di Iacopo Ortis" nel 1802 scritto da Ugo Foscolo.

Nella città di Los Angeles, i suicidi ebbero un incremento del 40% nel 1962 dopo il suicidio di Marilyn Monroe.

Dopo trasmissione del programma "Morte di uno studente" dalla TV tedesca si ebbe un aumento dei suicidi, soprattutto giovani d'età compresa tra 15 e 19 anni (+175%).

Fattori di rischio per il suicidio

Fattori di rischio suicidario:

- l'età: adolescenti tra i 14 e 21 anni e anziani al di sopra dei 65 anni,
- il sesso maschile più che femminile,
- essere *single*, vedovi, separati, con relazioni terminate da poco ed in modo burrascoso,

---

[153]   Giornata mondiale di prevenzione dei suicidi, da Associazione Internazionale di Prevenzione dei Suicidi (IASP) Organizzazione Mondiale della Sanità (OMS), 2014.

- *essere gay*, lesbiche, trans-sessuali,
- l'abitare nei paesi nordici rispetto che nei paesi meridionali,
- l'abuso di sostanze sia droghe che farmaci ed alcol,
- presentare un disturbo di personalità dipendente e una dipendenza da sostanze,
- essere affetti da malattie gravi, invalidanti di recente insorgenza,
- presentare disturbi dell'umore,
- essere affetti da schizofrenia,
- presentare il disturbo borderline di personalità,
- essere di razza caucasica,
- presentare sentimenti di disperazione e sconforto,
- vivere in condizioni di isolamento sociale,
- condizioni di disoccupazione o situazione lavorativa stressante,
- presentano una situazione economica precaria,
- presentano precedenti tentativi di suicidio,
- nella propria storia familiare presentano uno o più decessi per suicidio o di tentativi di suicidio.

Valutazione del rischio suicidio

Nella valutazione del paziente suicidario è utile e significativo per poter offrire un valido sostegno analizzare gli aspetti riportati qui si seguito.

- Identificazione della chiara Ideazione Suicidaria
- Riconoscimento del proprio controtransfert
- Appurare la chiara intenzionalità
- Disponibilità e adeguatezza dei mezzi per compiere il suicidio
- Progettualità ossia indagare precedenti tentativi, escludere il suicidio dimostrativo
- Valutare la storia familiare di suicidi, "effetto domino"
- Presenza di abuso di sostanze, farmaci ed alcol
- Valutazione delle risorse del paziente
- Motivazione a cercare aiuto.

Il suicidio viene spesso visto dal paziente come una possibile via di fuga, come una strada percorribile per risolvere i problemi.

Capire quali situazioni vengano percepiti come problemi da risolvere può consentire di trovare alternative valide. Allo stesso modo la comprensione dei benefici dal tentativo di suicidio può aiutare a modificare tale eventualità.

Il suicidio

"Ogni storia di paura è anche una storia di coraggio. Per il momento limitiamoci a dire che con coraggio intendiamo la sopravvivenza alla paura. Ci vuole coraggio anche solo per vivere. E così chiunque senta o legga queste parole è coraggioso per definizione, è sopravvissuto alla propria autobiografia di paure.

Demoni della mia cameretta 29 giugno 2017 intervento alla Milanesiana, di Michael Cunningham.

Definizione

Si definisce suicidio l'atto di procurarsi la morte agito con deliberata volontà. Secondo un'altra definizione si può definire il suicidio come morte conseguente ad un gesto inflitto su sé stessi con 'intento di uccidersi" (Rosenberg 1988)[154], a cui aggiungiamo due ulteriori precisazioni:

- che la morte è stata autoinflitta e non causata da qualcun altro o qualcosa d'altro,

- che il deceduto desiderasse che la sua azione determinasse il decesso.

Causa di morte indeterminata

Talvolta per evitare etichette negative se esiste un margine di dubbio sulla causa di morte, si preferisce scrivere *causa di morte indeterminata* piuttosto che morte per suicidio. Infatti, si ritiene che le cause di morte per suicidio siano sottostimate di una percentuale tra il 12 e il 50%.

Considerazioni generali

Esiste tutta una terminologia che riguarda la morte nei malati terminali o nei malati giunti a fine vita che abbiamo deciso di non trattare ora, ma che sono stati oggetto di altre due opere *"eutanasia e cure di fine vita"* e *"comunicare la morte"*. In questi contesti si parla di *suicidio assistito*, quello compiuto da un malato terminale con l'assistenza di un medico, oppure mediante un farmaco fornito da questi. Non ci occuperemo neppure nei suicidi che avvengono nelle carceri che pure sono molto frequenti e

---

154   Depression in medical in-patients Samuel J. Rosenberg, et al. Psychology and psychotherapy September 1988.

riguardano spesso i giovani. Per *suicidio di massa* si intende una strage perpetrata in concomitanza di effettiva o presunta suggestione collettiva.

Il suicidio è quindi un'eventualità tutt'altro che rara, che può occorrere sia in persone che definiremmo normali, nei pazienti schizofrenici e nei pazienti depressi. Il rischio di suicidio è la più improcrastinabile delle urgenze psichiatriche per cui non si devono sottovalutare gli elementi che possono farci prevedere questa eventualità.

Mentre il suicidio negli schizofrenici è un evento di estrema imprevedibilità, che si può presentare sia all'acme della malattia, che nel momento della remissione ossia nella depressione post-psicotica, per quanto riguarda la depressione possono essere più facilmente individuati dei fattori di rischio, sia clinici che anamnestici e demografici.

Nel suicidio giovanile messo in atto da persone peraltro sane diventa davvero difficile la previsione e tantomeno la prevenzione. Il nostro sforzo sarà quindi volto ad individuare i fattori e gli indicatori che possono evidenziare il malessere tanto pervasivo da condurre ad un atto estremo.

Teniamo conto che tutti gli studi evidenziano come l'Ideazione Suicidaria (o IS) sia abbastanza comune.

Ben un terzo degli studenti universitari ha avuto un'IS.

Circa un terzo delle persone che si suicida chiama il proprio medico. I familiari di solito possono conoscere alcuni pensieri suicidari del paziente, quindi ottenere informazioni dai membri della famiglia è importante nella prevenzione del rischio di suicidio.

Teniamo in conto che le persone che parlano spesso di suicidio si uccidono più di quanto non facciano coloro che non ne hanno mai parlato.

Tasso di suicidio

Il tasso (di suicidio) è una misura statistica necessaria per confrontare le popolazioni e poter avere dati certi su incremento o diminuzione di un fenomeno, in questo caso il suicidio, nell'arco di un anno solare. Il tasso di suicidio esprime il numero dei suicidi nella popolazione generale che in Italia è di 12/100.000. Il suicidio è la seconda o terza causa di morte negli adolescenti e nei giovani adulti.

Gli uomini lo effettuano meno spesso, ma utilizzano mezzi più letali rispetto alle donne (fucilazione, impiccagione, defenestrazione, rispetto al veleno e l'ingestione di farmaci o sostanze proprie delle donne) per cui di fatto il risultato è un pareggio, uomo/donna.

Il rischio di suicidio

Il rischio di suicidio invece esprime la probabilità statistica che l'evento suicidio, venga messo in atto in dato periodo di tempo, tale periodo di riferimento deve essere specificato, di solito è un anno, oppure ci si riferisce al corso della vita.

Il primo anno, dopo il ricovero per *depressione maggiore* in un reparto psichiatrico, rappresenta il momento di più alto rischio suicidario.

I pazienti con una storia di ospedalizzazione psichiatrica per depressione maggiore o disturbo bipolare hanno un rischio di suicidio nel corso della vita del 10-20%.

Gli schizofrenici con un ricovero in reparto psichiatrico hanno un rischio del 10% di suicidio nel corso della vita. L'abuso e la dipendenza da sostanze aumentano il rischio sia di suicidio entro l'anno che nel corso della vita.

Suicidio nella popolazione di detenuti

L'Italia, tra i Paesi europei, è quello in cui maggiore è lo scarto tra i suicidi nella popolazione libera e quelli che avvengono nella popolazione detenuta, con un rapporto da 1,2 suicidi ogni 10.000 abitanti all'anno nella popolazione generale a 9,9 suicidi ogni 10.000 detenuti all'anno.

In Italia in carcere i suicidi sono circa 9 volte più frequenti che nello stato di libertà, mentre in Gran Bretagna sono 5 volte più frequenti, in Francia 3 volte più frequenti, in Germania e in Belgio 2 volte più frequenti e in Finlandia, addirittura, il tasso di suicidio è lo stesso dentro e fuori dalle carceri. Dall'analisi dello "scarto" esistente tra i suicidi dei detenuti e quelli della popolazione libera è possibile definire un criterio di "vivibilità" di ogni sistema penitenziario.

Omicidio-suicidio

Un aspetto importante che non si tratterà in questa sede è quello dell'omicidio-suicidio, questo tipo di evento ha un'incidenza 0.3 per abitanti riguarda prevalentemente gli uomini che hanno ucciso un familiare e successivamente hanno tentato o hanno portato a compimento l'atto di suicidarsi. Questo fatto drammatico non riguarda gli adolescenti ma di solito uomini sposati o con una relazione sentimentale stretta, evoluta in senso negativo pregressa.

Infanticidio

Un aspetto particolare dell'omicidio-suicidio riguarda le madri che si tolgono la vita e portano con sé i propri figli. A differenza degli uomini che di solito uccidono i figli per vendetta, le madri arrivano a questo gesto estremo come ultimo tentativo di protezione per evitare al figlio o ai figli le stesse sofferenze a cui la madre è stata sottoposta. La madre non essendo in grado di proteggere la prole decide di mettere fine alla propria vita e con atto di estrema pietà porta con sé i figli.

Si tratta di situazioni estreme che non riusciamo ad illustrare in poche righe.

Classificazione dei comportamenti suicidari

Suddividiamo il comportamento suicidario in tre atti autodistruttivi: para-suicidio o tentato suicidio, mancato suicidio e suicidio riuscito o a compimento[155]. Possiamo poi aggiungere a queste definizioni l'autolesionismo non suicidario, i comportamenti suicidari strumentali o atti esibizionistici, volti a richiamare l'attenzione.

Para-suicidio o tentato suicidio

Si definisce un tentativo di suicidio che non era destinato ad avere successo, comportamenti potenzialmente pericolosi verso sé stessi, senza conseguenze fatali, per i quali c'è l'evidenza (esplicita e/o implicita) che la persona intendeva a un qualsiasi livello (non zero) uccidersi", si calcola che sia 10 volte più comune del suicidio. Il tentativo di suicidio viene definito dal DSM V[156] come *un comportamento che viene messo in atto con almeno una certa intenzione di morire.*

Mancato suicidio o suicidio fallito

Mancato suicidio consiste in un atto suicidario che solo per un fatto fortuito non è andato a buon fine, "suicidio fallito". Nel caso di un suicidio fallito si esegue una valutazione indiretta sociopsicologica attraverso le testimonianze di parenti e conoscenti, analizzando i comportamenti emessi dal soggetto, per valutare se lo stato mentale potesse essere compatibile con la scelta di compiere con il suicidio.

Suicidio riuscito o suicidio a compimento

Suicidio riuscito o "suicido a compimento" consiste in un atto suicidario che culmina con la morte.

---

[155]   Morton M. Silverman et al. 1- 2007.

[156]   DSM V Manuale Diagnostico e Statistico dei Disturbi Mentali I edizione 2014 Raffaello Cortina Editore.

In caso di morte sospetta per suicidio, le indagini devono escludere la presenza di altre persone al momento del decesso. Si ricercherà sempre un messaggio di addio con una eventuale prova calligrafica. Si cercheranno i tratti di colluttazione o spostamento di cadavere, anche per escludere *staging* e simulazione di suicidio analizzando la dinamica della morte. Le interviste con informatori possono spingersi fino a 3-12 mesi dopo il suicidio.

Autopsia psicologica

Nei casi di morte sospetta per suicidio casi si potrà eseguire quelle che viene definita "l'autopsia psicologica" [157](Ebert, 2002).
Questa consiste in:

- analisi di testi scritti e documenti (diari, ecc.),
- colloqui con conoscenti, amici, partners,
- dato anamnestico di uso di droghe e/o alcol deve essere ben ponderato,
- analisi di relazioni interpersonali e di coppia per esempio separazioni, abbandoni, divorzi, etc.
- analisi dello stato mentale prima della morte e storia psicopatologica,
- analisi dello stato dell'umore e depressione prima dell'evento,
- presenza di stress psico-sociali gravi,
- comportamenti prima della morte per esempio calma ingiustificata,
- presenza di problemi socioeconomici della famiglia gravi,
- presenza di problemi sul lavoro per esempio licenziamenti, azioni disciplinari, fallimenti, etc.
- anamnesi medica esempio diagnosi recente di malattia grave, non curabile, o invalidante,
- tipologia di libri letti,
- linguaggio nelle interazioni per esempio l'uso di giri di parole quali "se dovesse accadermi qualcosa", "se succedesse qualcosa".

Grazie all'autopsia psicologica è possibile eseguire una relazione ben circostanziata che delinei il profilo del paziente e le cause del suo gesto.

---

[157]   Ebert B.W. (1987), Guide to Conducting a Psychological Autopsy, Professional Psychology: Research and Practice, n.18 (1), pp. 52-56.

Comportamenti suicidari strumentali

Comportamenti suicidari strumentali o esibizionistici connessi al suicidio, in questo caso la persona intendeva utilizzare l'apparente intento suicidario per altre finalità come chiedere aiuto, o per punire altri, oppure per ricevere attenzioni, cure, avere dei vantaggi più o meno diretti da cui il termine "strumentale".

Comportamenti potenzialmente autolesivi

Comportamenti potenzialmente autolesivi che possono o meno sfociare in suicidio quali ad esempio guidare contromano, bere superalcolici o vino in modo smodato, fare uso di droghe. In realtà anche fumare è un comportamento autolesivo. Tutti gli sport estremi praticati senza protezione possono essere considerati potenzialmente autolesivi.

Comportamenti autolesivi o auto-lesività non suicidaria

L'autolesionismo può essere molto grave nel caso di pazienti psicotici che si procurano automutilazioni. Nella maggioranza dei casi però si tratta di lesioni superficiali. L'autolesionismo è una manifestazione non eccezionale nell'adolescenza, la prevalenza è intorno a 1.5% - 2.0 % di tutta la popolazione di adolescenti ed è più frequente tra le femmine piuttosto che tra i maschi. Le modalità comprendono tagliarsi o incidersi la cute degli arti, in special modo polso, gamba, avambracci, torace, con oggetti taglienti (rasoio, coltello, forbici, vetro), riaprire ferite, provocarsi bruciature (ad esempio con sigarette).

L'autolesionismo tende ad essere ripetitivo e presenta la funzione di calmare l'ansia, e quindi viene messo in atto in occasione di esperienze stressanti. Alcuni adolescenti che praticano l'autolesionismo riferiscono di non provare alcun dolore nel momento in cui si praticano le ferite. Altri invece trovano rassicurante provare dolore. In particolare, nelle persone affette da Disturbo di Personalità Borderline (BPD) l'esperienza di dolore può mettere fine ad uno stato di estraneità e di depersonalizzazione difficile da tollerare a lungo.

Nei comportamenti potenzialmente autolesivi non c'è l'evidenza esplicita e/o implicita di volersi procurare la morte. L'intenzione non è quindi suicidaria [158]ma il raggiungimento di altri obiettivi di solito non consapevoli.

---

[158]   Morton M. Silverman et al. 1- 2007 e Morton M. Silverman et al 2 – 2007.

Morti equivoche

L'analisi di quelle che vengono definite morti equivoche o morti sospette o *Death equivocal analysis* talvolta suggeriscono davvero suicidi non riusciti. Alcuni esempi sono:

"Pilota muore contro grattacielo o montagna: incidente o suicidio? Un detenuto muore in carcere: omicidio o suicidio? Una donna, consumatrice di sostanze, precipita dal terrazzo: incidente, suicidio o omicidio? Un aereo di linea, senza lanciare SOS, precipita: incidente, attentato o suicidio del pilota?"

Uno dei primi casi di analisi di morte sospetta o *Death equivocal analysis* è accaduto nel 1989 una grave esplosione a bordo della nave USA Iowa ha causato la morte di 46 marinai. L'analisi della FBI concluse per il suicidio di un marinaio che provocò incidente.

Pianificazione e volontà: per l'87% dei casi è stato premeditato, molti dei quali ne aveva comunicato la volontà ad amici e/o parenti poco tempo prima.

Umore al momento del decesso: circa 1/3 normalità, 1/3 depressione e angoscia, 1/6 eccitazione.

Umore la settimana prima del decesso: circa la metà assenza di variazioni, in 1/4 notato un deterioramento, in 1/4 un miglioramento.

Annotazioni suicidarie: lasciate dal 59,3% dei soggetti, 1/3 dei quali più di una.

Precedenti atti autolesivi: 2/3 dei casi, quasi tutti più di una volta, più della metà nell'ultimo anno.

Eventi precipitanti la fine di una relazione e litigi con familiari o amici: per 1/3 nelle ultime 24 ore e per 1/6 nell'ultima settimana.

Criteri per il comportamento suicidario del DSM V

Il DSM V [159] propone i seguenti criteri per definire l'auto-lesività non suicidaria:

A. nell'ultimo anno, in cinque o più giorni l'individuo si è intenzionalmente inflitto danni di qualche tipo alla superficie corporea in grado di indurre un sanguinamento, lividi o dolore (tagliandosi, accoltellandosi, bruciandosi, colpendosi o strofinandosi eccessivamente) con l'aspettativa che la ferita porti danni fisici soltanto lievi o moderati.

B. L'attività autolesionistica presenta una o più delle seguenti finalità: ottenere sollievo da una sensazione o da uno stato cognitivo negativo, o risolvere una difficoltà interpersonale, o indurre una sensazione positiva.

C. L'auto-lesività intenzionale è associata almeno ad uno di questi sintomi: difficoltà interpersonali o sensazioni o pensieri negativi come depressione ansia, tensione, rabbia, disagio generalizzato, autocritica, che si verificano immediatamente prima del gesto autolesivo; prima di compiere il gesto presenza di un periodo di preoccupazione difficilmente controllabile riguardo al gesto che ha intenzione di compiere; pensieri autolesionisti presenti frequentemente, anche quando il comportamento non viene messo in atto.

D. Il comportamento non è sancito socialmente per esempio body piercing, tatuaggi, rituali religiosi o culturali e non è limitato a mangiarsi le unghie, o ad azioni di grattamento.

E. Il comportamento o le sue conseguenze causano disagio clinicamente significativo o compromissione del funzionamento in ambito sociale, scolastico, lavorativo in aree importanti,

---

159   DSM V Manuale Diagnostico e Statistico dei Disturbi Mentali I edizione 2014 Raffaello Cortina Editore.

F. Il comportamento non avviene esclusivamente in occasione di episodi psicotici, delirio, intossicazione o astinenza da sostanze. Nei soggetti con disturbo del neuro-sviluppo il comportamento non è parte di un pattern di stereotipie ripetitive.

Disturbo del comportamento suicidario

Il DSM V richiede per considerare un atto autolesivo come suicidio o tentativo di suicidio, alcuni criteri che riportiamo:

A. evento (tentato o mancato suicidio) negli ultimi 24 mesi;
B. il gesto non soddisfa i criteri di auto-lesività non suicidaria definiti poc'anzi come comportamenti autolesivi;
C. la diagnosi non è applicata all'ideazione suicidaria o alle azioni preparatorie;
D. il gesto non ha avuto inizio in un momento di delirio o di confusione;
E. il gesto non è stato messo in atto esclusivamente per motivi politici o religiosi.

Se sono trascorsi 12 mesi o meno si parla di evento corrente, se sono trascorsi 12-24 mesi dall'ultimo tentativo si parla di remissione precoce.

Nella nuova nomenclatura non viene ridefinita ideazione suicidaria detta anche l'IS. Pertanto, possiamo liberamente definire nello spettro delle IS: con intento suicidario, senza intento suicidario e con un intento suicidario indeterminato; ogni categoria è poi divisa ulteriormente in 5 tipi di ideazione (occasionale, transitorio, persistente, attivo e passivo) variamente combinati.

Epidemiologia del suicidio

Secondo i dati forniti dall'Organizzazione Mondiale della Sanità,[160] muoiono in questo modo più di 800 mila persone all'anno, il suicidio è una tra le 10 cause più frequenti di morte in tutto il mondo. La media globale, ogni 100 mila abitanti, è di 15 suicidi compiuti da uomini e di 8 suicidi compiuti da donne: il rapporto medio globale è di 1,9.

Para-suicidio

Il Para-suicidio o tentato suicidio si definisce un tentativo di suicidio che non era destinato ad avere successo ed è più frequente: sesso femminile

- età < 35 anni
- bassa mortalità (metodo non letale)
- alta possibilità di salvataggio
- diagnosi di disturbi dell'adattamento o di personalità.

Suicidio a compimento

Il Suicidio riuscito o suicido a compimento è più frequente:

- sesso maschile
- età > 60 anni
- alta mortalità (metodo letale)
- bassa possibilità di salvataggio
- disturbi dell'umore
- abuso sostanze
- ideazione suicidaria
- corrente intenzionalità suicidaria
- piano e dettagli, tra cui sforzi per assicurare i mezzi per realizzarlo, se applicabili recenti tentativi di suicidio

---

[160]   Giornata mondiale di prevenzione dei suicidi, da Associazione Internazionale di Prevenzione dei Suicidi (IASP) Organizzazione Mondiale della Sanità (OMS),2014.

- pregressi tentativi di suicidio
- disperazione.

Rischio di suicidio

Il rischio di suicido cresce in modo direttamente proporzionale all'invecchiamento della popolazione. Se consideriamo la fascia d'età tra 0 e 24 anni,[161] per esempio il suicidio è nettamente più frequente tra i 18 e i 24 anni.

Anche i tentati suicidi risultano essere molto più frequenti con il crescere dell'età nella popolazione tra 0 e 24 anni, prevalendo anche questi nettamente nella fascia d'età tra i 18 ed i 24 anni dove sono circa il triplo dei suicidi con esito fatale.

Il suicidio, inteso come atto intenzionale, non accidentale, è raro al di sotto dei 13 anni di età.

Dai 25 anni in su si osserva un incremento progressivo del numero di suicidi. Oltre i 65 anni di età, i tassi di suicidio sono in media quattro volte superiori a quelli dei giovani.

In tutti i periodi della vita ed in tutti i paesi del mondo i suicidi risultano essere più frequenti nei maschi rispetto alle femmine con un rapporto di circa 3 maschi/1 femmina.

È più frequente nei mesi da marzo a luglio dopo Natale e dopo Capodanno, pochi giorni prima di questi periodi si ha una diminuzione dei suicidi per cui l'ipotesi più accreditata e quella della "aspettativa disattesa".

Il giorno della settimana meno frequente è il mercoledì, più frequenti il sabato, la domenica e il lunedì.

Gli orari più frequenti nelle tarde ore della notte e nelle prime ore del giorno.

Il paese con il minor numero di suicidi al mondo è l'Arabia Saudita (0,4), seguita da Siria (0.4), Kuwait (0.9), Libano (0,9), Oman (1) e Giamaica (1.2); poi c'è l'Iraq (1.7), dove però è più elevato il tasso di suicidi compiuti da donne, contrariamente alla tendenza globale. I paesi con il tasso più elevato di suicidi sono invece Guyana (44,2), Corea del Nord (38,5), Corea del Sud (28,9), Sri Lanka (28,8), Lituania (28,2), Suriname (27,8) e Mozambico (27,4), seguiti da Nepal (24,9) e Tanzania (24,9).

In Europa i paesi con il minor numero di suicidi sono Azerbaijan (1,7), Armenia (2,9), Georgia (3,2), Grecia (3,8), Tagikistan (4,2), Cipro (4,7), Italia

---

[161] Il disagio in età evolutiva Analisi del fenomeno Organizzazione e attività della NPEE della AUSL di Bologna a cura di Giancarlo Rigon 15 Maggio 2006.

(4,7) e Spagna (5,1). Quelli con il numero più elevato sono Lituania (28,2), Kazakistan (23,8), Turkmenistan (19,6), Ungheria (19,1) e Bielorussia (18,3). I paesi col più elevato numero di suicidi al mondo, tra le donne, sono Corea del Nord, Guyana, Mozambico e Nepal; tra gli uomini sono Guyana, Lituania, Sri Lanka e Corea del Nord.

Tra le regioni italiane [162]Nel 1982 al primo posto la Valle d'Aosta con un valore di 16.8/abitante, seguita da Umbria 10.3, dal Trentino-Alto Adige 10.2 e dall'Emilia Romagna 10.1. Il tasso più basso era registrato in Campania con 1.8/abitanti seguita da Lazio 2.5, Puglia e Calabria 2.7, Sicilia 3.6, Sardegna 3.8.

Nel 2002 la regione con il più alto tasso è ancora la Valle d'Aosta seguita da Friuli-Venezia Giulia, Trentino-Alto Adige e Liguria. È confermato, anche in Italia, un tasso medio di suicidi più elevato nelle regioni settentrionali rispetto a quelle meridionali.

Effetto domino del suicidio

I suicidi presentano un indubbio effetto di "trascinamento sociale". L'analisi storia ci rivela come si ebbe una sorta di epidemia di suicidi dopo la pubblicazione de: "I dolori del giovane Werther" (1774) di J. W. Goethe, per cui il libro fu per qualche tempo bandito. Altri esempi storici: "Lettere di Iacopo Ortis", protagonista del libro di Ugo Foscolo.

A Los Angeles, i suicidi ebbero un incremento del 40% dopo il suicidio di Marilyn Monroe.

Dopo trasmissione "*Morte di uno studente*" trasmesso dalla TV tedesca si ebbe un aumento dei suicidi, soprattutto giovani d'età compresa tra 15 e 19 anni (+175%).

---

[162]   Giornata mondiale di prevenzione dei suicidi, da Associazione Internazionale di Prevenzione dei Suicidi (IASP) Organizzazione Mondiale della Sanità (OMS),2014.

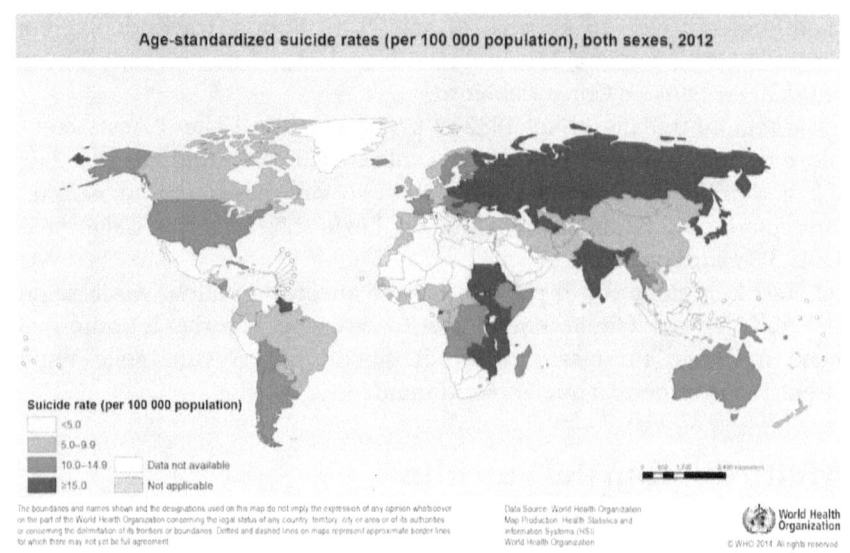

https://www.focus.it/site_stored/imgs/0003/001/_suicidi1.630x360.jpg.

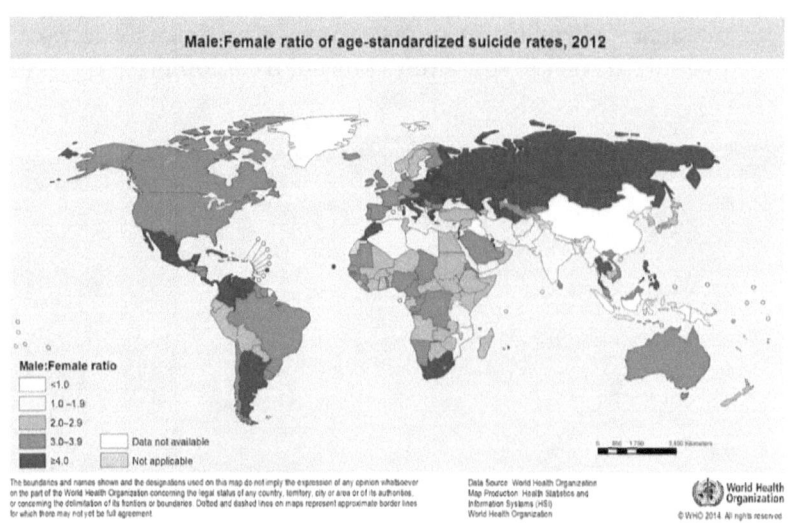

https://www.focus.it/site_stored/imgs/0003/000/_suicidi2.570.jpg.

Fattori di rischio per il suicidio

Fattori di rischio suicidario:

- Età: adolescenti e anziani
- Sesso maschile
- *Single*, vedovi, separati
- *Gay*, lesbiche, trans-sessuali
- Abitare nei paesi nordici rispetto che nei paesi meridionali.
- Abuso di sostanze
- Disturbo di personalità dipendente e dipendenza da sostanze
- Malattie gravi, invalidanti di recente insorgenza
- Disturbi dell'umore
- Schizofrenia
- Disturbo borderline di personalità
- Razza caucasica
- Sentimenti di disperazione e sconforto
- Isolamento sociale
- Disoccupazione o situazione lavorativa stressante
- Situazione economica precaria
- Precedenti tentativi di suicidio
- Storia familiare di decessi per suicidio o di tentativi di suicidio.

Valutazione del rischio suicidio

Nella valutazione del paziente suicidario è utile e significativo per poter offrire un valido sostegno analizzare gli aspetti riportati qui si seguito.

- Riconoscimento del proprio controtransfert
- Intenzionalità
- Disponibilità ed adeguatezza dei mezzi identificati
- Progettualità Indagare precedenti tentativi Storia familiare di suicidi, l'abuso di sostanze
- Valutazione delle risorse del paziente
- Motivazione a cercare aiuto.

Il suicidio viene spesso visto dal paziente come una soluzione per risolvere i problemi. Capire quali situazioni vengano percepiti come problemi da risolvere può consentire di trovare alternative valide. Allo stesso modo la comprensione dei benefici dal tentativo di suicidio può aiutare a modificare tale eventualità.

Rischio reale di suicidio

Tre sono i principali parametri da verificare per valutare con obiettività il rischio reale di suicidio:

- l'accuratezza della pianificazione
- il metodo autolesivo preferito o scelto
- misure di prevenzione dei soccorsi

Accuratezza della pianificazione

0: nessuna preparazione. Riconoscimento di una ideazione.

1: intenzione inferita da azioni impulsive. Apparente assenza di pianificazione in soggetto impulsivo.

2: intento implicito con verbalizzazione. Pianificazione superficiale (qualche idea opportunistica sul metodo e il luogo).

3: intento esplicito. Qualche tipo di preparazione con un qualche pensiero su come procurarsi agenti lesivi (farmaci, pistola, etc.) ma senza pianificazione su dove e quando.

4: pianificazione con valutazione della disponibilità del metodo, luogo o tempo.

5: pianificazione accurata e definita con metodo, luogo e momento. Può menzionare l'uso di alcol per darsi il "coraggio" di farlo.

6: pianificazione decisa, prepara le note, gli ultimi desideri, costruisce il metodo.

Metodo autolesivo preferito o scelto

0: simulazione. Apparente autolesione senza reale danno possibile.1: metodo inadeguato o inefficace. Es. overdose di olio per auto, ingoiare bottoni, ecc..

2: efficacia bassa. Es. tagli superficiali sui polsi, sfregarli sopra un vetro, colpire vetri con la testa.

3: efficacia moderata. Es. buttarsi in acqua sapendo nuotare, ingestione dei farmaci da banco a casa.

4: esiti incerti potenzialmente letali. Es., ingestione incerta di farmaci da ricetta, con eventuale consumo di alcol, accensione del gas, saltare in strada per farsi investire da un'auto, buttarsi in acqua non sapendo nuotare.

5: efficacia elevata. Es., tagli o pugnalate ad organi vitali, assunzione di cloroformio o veleni conosciuti, soffocamento da monossido di carbonio tramite auto.

6: efficacia molto elevata. Es., metodo irreversibile con nessun tempo per i soccorsi, arma da fuoco, impiccagione, precipitazione da edifici elevati o salto di fronte a treni, iniezione intravenosa di sostanze tossiche.

Misure di prevenzione dei soccorsi

0: il soggetto si soccorre prima, durante e dopo

1: il soggetto tenta in presenza di altro ignaro della letalità del metodo

2: qualcuno è avvisato prima o cercato immediatamente prima dell'evento, spec. operatori sanitari o sociali

3: qualcuno deve arrivare a momenti, il soggetto ne è consapevole

4: il soggetto non si sforza di facilitare o prevenire il soccorso, lascia al caso

5: per il metodo o il luogo scelto, le possibilità di intervento sono minime

6: il soggetto elabora attivamente misure per evitare l'intervento (es., in hotel con altro nome).

Il suicidio giovanile

Questo mondo non fa per me.
Scusatemi!

La grande tentazione, il gran salto, l'ultima fuga

A livello mondiale si colloca fra le tre principali cause di morte per le persone di età compresa tra i 15 e i 44 anni e i tentativi di suicidio sono fino a 20 volte più frequenti dei suicidi effettivi e, se a quelli riusciti aggiungiamo i tentativi non riusciti, allora diventa la prima. Nelle nazioni industrializzate il suicidio arriva a essere la seconda o la terza causa di morte tra gli adolescenti e i giovani adulti.

I dati emersi dagli studi effettuati *dall'American Academy of Child and Adolescent Psychiatry* e da altre istituzioni simili confermano che in Europa il suicidio tra gli adolescenti (15-24 anni) è la seconda causa di morte e quella tra i giovani della fascia 25-34 anni è, addirittura, la prima. Vi sono poi suicidi che qualcuno cataloga frettolosamente come incidenti stradali o domestici (i cosiddetti "suicidi preterintenzionali").

In Italia il suicidio giovanile rappresenta, tra i giovani sotto i 21 anni, la seconda causa di morte dopo gli incidenti stradali, mentre i suicidi adolescenziali costituiscono il *10%* dei circa 4000 suicidi totali che si consumano ogni anno. Alcuni ragazzi sono seguiti dai servizi psichiatrici, altri di dipendenza da alcool e droghe o di gravi malattie, ma la maggioranza è costituita da ragazzi che soffrono di gravi malesseri esistenziali.

Questo dato angosciante che certifica la fragilità e vulnerabilità dei giovani, non solo testimonia le difficoltà incontrate dalla ragazza/o durante il suo percorso d'identificazione e di emancipazione, l'incapacità di gestire il proprio percorso di crescita e d'identificazione ma esprime anche un disagio dell'intera società e soprattutto chiama il mondo adulto a un rinnovato impegno nell'ascolto e nell'educazione a un senso profondo della vita.

Risulta maggiore la percentuale di suicidi riusciti fra i ragazzi, mentre le ragazze intraprendono più tentativi falliti. Questo dipende anche dal metodo utilizzato: le ragazze scelgono maggiormente i metodi meno violenti come l'avvelenamento con medicinali o il taglio delle vene mentre i ragazzi scelgono metodi più drastici quali l'impiccagione o le armi da fuoco.

Le stime aumenterebbero ulteriormente se si tenesse conto dei tanti suicidi fatti passare come incidenti stradali o domestici, per un trend mondiale che raggiunge, tra i giovani, la soglia del 20%.

Nel 2010 sotto i 25 anni (dati Istat 2012) sono 138 i casi di suicidio giovanile accertato: 111 maschi e 27 femmine, con un tasso totale di suicidio del 5,1 su 100mila ragazzi. I maschi scelgono, nella maggioranza dei casi, le modalità e gli strumenti più violenti e radicali (impiccagione, armi da fuoco, precipitazione) e, secondo il CDC (*Centre of Disease Control and Prevention*) hanno quattro volte maggiore probabilità delle ragazze di commettere suicidio.

Le ragazze, invece, "preferirebbero" le intossicazioni farmacologiche o la flebotomia (si tagliano le vene) e sono più propense al tentativo di suicidio. Secondo l'OMS il 40% dei ragazzi che non riesce a suicidarsi e non riceve un trattamento adeguato fa un secondo tentativo (fra il 30 e 50% dei casi).

Oltre ai comportamenti suicidari esistono una serie di atti e proteste come l'autolesionismo e le morti "lente" come l'anoressia nervosa, l'auto-sabotaggio, la roulette russa, i giochi e le sfide della morte. Queste sono espressione di profonda infelicità, insoddisfazione, non senso della vita e nessuna via di fuga per il futuro.

Psicopatologia dello sviluppo e idea suicidaria

Vorrei non svegliarmi più...
al mondo non mancherò di certo!

L'immagine comune che hanno gli adulti in genere dell'infanzia e dell'adolescenza è quella astratta di una condizione felice, destinata a scomparire con la maturità quando le difficoltà impongono una dura realtà. Si tratta di un'immagine stereotipata da parte degli adulti che hanno perduto il significato profondo dell'essere bambini e adolescenti, hanno dimenticato la propria storia e percepiscono solo l'apparente spensieratezza e vivacità dell'infanzia e le potenzialità da esprimere. Il bambino ha le caratteristiche essenziali dell'uomo stesso ed è quindi sottoposto a travagli personali spesso più grandi e sconvolgenti anche se non espressi o mal percepiti dall'adulto, poiché nel mondo del bambino e dell'adolescente prevalgono l'affettività e le emozioni senza un adeguato controllo della razionalità.

Nei passaggi da infanzia all'adolescenza all'età adulta si verificano momenti di radicale cambiamento delle situazioni di vita, dei rapporti affettivi, delle relazioni e delle aspirazioni e prospettive del giovane. Sono momenti di crisi con importanti risonanze nel ragazzo, generalmente non avvertite dall'adulto che gli sta accanto.

La sessualità

Il rapporto con il proprio corpo cambia rapidamente e non si sa cosa diventerà! L'adolescente non riesce ad immaginare come sta diventando e spesso non si piace come si vede: o è troppo alto o troppo piccolo, disarmonico e goffo, insomma non risponde alle aspettative.

Ma non esiste solo il corpo reale, c'è anche il corpo immaginario, l'immagine interna di sé che non è detto corrisponda al corpo reale. C'è, inoltre, l'immagine interna che noi crediamo di avere nella relazione con gli altri e, anche questa, spesso non corrisponde né al corpo reale né a quello immaginario, ma a quello simbolico, cioè quello che con i propri gesti e atteggiamenti rappresentiamo nei rapporti umani.

Di fronte alle trasformazioni del corpo e ai bisogni sessuali il giovane può provare paura per la nuova immagine fisica oppure provare odio e il desiderio conseguente di voler rinunciare alla sessualità adulta (inibizioni sessuali, anoressia mentale) o voler eliminare quest'immagine sgradevole aggredendo certe parti di sé che ritiene cattive o pericolose. In tale prospettiva il suicidio non gli si presenta come il desiderio di distruggere sé stesso totalmente ma alcune parti di sé. Sul piano sessuale l'adolescente sperimenta l'abbandono del corpo infantile per acquisirne uno adulto. Compaiono i caratteri sessuali secondari e si raggiunge la maturità riproduttiva. Per alcuni ragazzi tutto ciò può essere sconvolgente perché si sentono impreparati e impotenti di fronte all'esplosione del loro corpo.

La tempesta ormonale tipica di questa età può mettere a disagio perché la società chiede di controllare le proprie pulsioni sessuali, originando ansie e tensioni. Alcuni possono reagire cercando di nascondere la nascente sessualità per prolungare il più possibile la propria infanzia, mentre altri possono esasperarla assumendo precocemente comportamenti e abbigliamento "da grandi", per sentirsi più adulti.

Il corpo sessuato spaventa ma incuriosisce, si vuole conoscerlo, esplorarlo, la masturbazione è molto praticata in questa fase della vita, a quanto pare più dai maschi che dalle femmine.

Il legame preferenziale con il "migliore amico" è un modo per dare sfogo, nella prima adolescenza, in un modo consentito dalla nostra società, ad una latente omosessualità che inconsciamente è molto forte in questa fase della vita.

Questo avviene anche attraverso il contatto fisico, è tipico per le ragazzine camminare mano nella mano, a volte baciarsi sulle labbra, mentre per i ragazzi i contatti fisici sono in genere connotati da maggiore aggressività.

La nostra cultura è, infatti, propensa a giudicare meno compromettente l'affettività espressa in pubblico tra due donne che non tra due uomini.

Per alcuni adolescenti si pone il problema della propria sessualità, si può avere il timore di non essere "normali", di essere omosessuali o incapaci di avere rapporti sessuali. Più avanti assume maggiore rilevanza la figura della "fidanzatina/o", con cui si possono avere le prime esperienze, che inizialmente possono essere dettate più dal desiderio di provare qualcosa a sé stessi, di essere "capaci", più che dal vero sentimento. Ciò può essere sconvolgente o deludente: essere pronti fisicamente non vuol dire necessariamente esserlo anche mentalmente.

L'identità

I problemi più complessi della personalità si rivelano nello scontro fra realtà e idealità, fra conscio e inconscio, generando una distorsione del processo cognitivo che si rivolge più verso il regresso e la stasi che verso il progresso. L'adolescente ha forti tendenze repressive legate alle rinunce che deve accettare e a volte tali tendenze sono accompagnate da idee suicide. Si trova a dover rinunciare all'idea di essere onnipotente, invulnerabile, immortale e ad accettare i genitori con i pregi e i difetti, come gli altri esseri mani e non più idealizzati come nell'infanzia. Tale passaggio in parte è rassicurante perché sarà più facile uguagliarli e sperarli, ma è deludente.

L'adolescenza è contrassegnata dalla definizione dell'identità. Il ragazzo abbandona lentamente il concetto di sé costruito sull'opinione dei genitori per sostituirlo ad una considerazione di sé derivata dai giudizi dei coetanei, ove è di fondamentale importanza l'aspetto fisico, l'attrazione sessuale e l'intelligenza.

L'adolescente può sentirsi valutato negativamente in alcuni di questi settori e ciò comporta inevitabilmente ansia, frustrazione o l'atteggiarsi in modo compensativo, nel tentativo di primeggiare in ambiti in cui si è considerati poco abili. I genitori possono essere tentati di diventare iperprotettivi, con il rischio che il figlio si opponga eccessivamente al mondo degli adulti.

L'acquisizione di una propria identità è un processo che dura anni e si costruisce attraverso la sperimentazione e l'identificazione. La sperimentazione consente di provare a recitare una molteplicità di parti, immedesimarsi in differenti ruoli.

Contemporaneamente, avendo la possibilità di conoscere tante persone, l'adolescente ha la possibilità di osservarle, esserne affascinato, provare a imitarle.

La sperimentazione e l'identificazione fanno sì che l'adolescente riveli una molteplicità di volti a seconda dell'ambiente in cui è.

Ad esempio, un ragazzo può essere educato e riservato a casa ma indisciplinato a scuola, con grande stupore dei genitori.

Attraverso le sperimentazioni e le identificazioni l'adolescente si riconosce come separato dagli altri e, confrontandosi con l'immagine che gli altri gli rimandano, si confronta con le proprie abilità ed i propri limiti.

L'identità finale è frutto della scelta e della sintesi di alcuni dei ruoli sperimentati e inevitabilmente comporta il lutto per la perdita delle altre possibilità.

Le amicizie

In questo periodo della vita diventano fondamentali gli amici, che non sono più dei compagni di giochi ma dei confidenti e delle persone con cui confrontarsi. La figura dell'amico del cuore acquisisce grande importanza: con lui ci si sente più sicuri quando, lo si vede spesso come una figura da imitare per formarsi una propria identità.

L'adolescente, maggiormente libero di muoversi in modo autonomo, ha la possibilità di incontrare nuove persone e scegliere i propri amici, che non sono più soltanto i compagni di scuola o i vicini di casa, ma ragazzi incontrati nei modi più svariati. Si sente l'esigenza di fare parte di un gruppo di coetanei, con cui trascorrere il tempo libero, condividere interessi, confrontarsi. Nascono in questo modo i gruppi informali che si differenziano da quelli formali (quali la classe o la squadra sportiva) per non essere gestiti da adulti e non avere particolari finalità.

Aumenta il tempo trascorso fuori casa, con gli amici con cui si intrattiene una relazione intensa e continuativa, fondata sulla condivisione di esperienze e valori e da cui ci si sente sostenuti emotivamente.

Fare parte di un gruppo rafforza la propria autostima, ci si sente più forti perché non soli, il gruppo conferisce un'identità e senso di appartenenza ai suoi membri.

Accanto ai vantaggi dell'appartenere ad un gruppo, si possono intravedere degli aspetti negativi: protetti dal gruppo ci si sente forti e si possono commettere azioni sconsiderate, dettate da sensazioni di onnipotenza, o si possono assumere comportamenti contrari ai propri principi per la paura di contraddire il gruppo e rimanere soli.

La perdita e la morte

Gli adolescenti attraversano una stagione di solitudine e noia dove le scelte importanti rimangono sospese e da elaborare. È una fase in cui prorompe il desiderio di vivere, ma c'è un'interrogazione radicale sul senso del vivere e rispetto agli enigmi che avvolgono l'uomo, come la morte.

La percezione della propria e altrui mortalità non è la cognizione della morte, che è nozione mentale già in età infantile, ma il prendere contatto psico-emotivo con la provvisorietà e la caducità della vita: tale dimensione, quando percepita, e l'adolescenza è la fase evolutiva che solitamente introduce questo elemento, può provocare uno stato di scoraggiamento e afflizione temporanei che, in situazione normale, costituiscono un'occasione di maturazione per la persona.

Pensare alla propria morte, è una componente del processo evolutivo di tutti gli adolescenti. È questo il periodo in cui, infatti, ci si pone delle domande sulla vita, sul suo senso e sulla morte. Le domande più frequenti sono: "Chi *sono?*", "*Perché vivo?*", "*Cosa diventerò?*", "*Perché morirò?*".

La percezione della propria mortalità può, in corrispondenza di determinati stati d'animo indurre il giovane a pensare come sarebbe il mondo se lui decidesse di non esserci più. È un'operazione di appannaggio della fantasia in cui prevale la costruzione immaginaria; può essere spiegata anche come una ricerca di affetto o un contatto con il sentimento d'incomprensione di cui molti adolescenti sono portatori.

Accettare l'aspetto mortale della specie umana significa accettare un limite alla propria onnipotenza immaginaria manipolando l'idea della morte sul piano metafisico o psicologico. Quindi, potersi scegliere la morte equivale, nella fantasia, a recuperare parte del potere perduto.

L'adolescente vive in una situazione d'insicurezza, incertezza, vulnerabilità dovuta alle difficoltà incontrate nell'ambiente in cui vive, sia ad un'incompleta conoscenza di sé e ad una non raggiunta integrazione tra i vari aspetti del sé, ad un improprio apprendimento della realtà, ad una incapacità di mediare gli impulsi e ad una incompleta regolazione dell'autostima. Anche la solitudine e il non sentirsi accettato nella nuova identità influisce sulla tendenza suicida.

A volte il comportamento suicida viene attuato dopo una forte delusione (una bocciatura, la fine di una storia d'amore, un conflitto…) ma tale motivo non è altro che "la goccia che fa traboccare il vaso" non è l'unico e reale motivo. L'adolescente si è arenato gradualmente e vede il suicidio come unica libertà che gli è ancora concessa. È preceduto da una lunga serie di altri problemi di comunicazione, isolamento, silenzio, da un ritiro dalle relazioni interpersonali, da un'incapacità sempre maggiore di risolvere i propri problemi.

Mettere in atto il suicidio nella giovinezza presuppone un rapporto alterato con la realtà ed il proprio ambito di vita che crea sofferenza quando la persona non è stata preparata ad una soglia adeguata di sopportazione e dove il suicidio diventa il risultato di n disagio sociale-collettivo oltre che individuale. La persona è spinta contro sé stessa sempre dalla fatica psichica ma questa sofferenza si presenta in forma clamorosa quando l'individuo non trova più garanzie e protezione sufficiente nell'ambiente.

Così vengono meno la serenità, la fiducia, il contenimento che la famiglia, la scuola, la comunità. Il significato del dolore nella nostra società è cambiato, quello fisico può essere alleviato da farmaci, ma la sofferenza psichica e morale non è facilmente eliminabile.

Da ciò si capisce come i giovani dovrebbero essere educati a dare senso al dolore che compare in ogni esistenza, e a sperare lo stato di disagio nella convinzione che ogni persona ha come progetto la piena realizzazione ed espressione delle proprie potenzialità.

La speranza è credere che la vita non si debba subire né accettare come se fosse predisposta da altri ma che vada inventata quotidianamente perché è con la quotidianità che crisi deve misurare.

La famiglia

I cambiamenti che interessano l'adolescente si ripercuotono all'interno del contesto familiare. Il ragazzo in questo periodo ha due esigenze tra loro contrastanti: da un lato sente il bisogno di essere protetto dalla famiglia di origine e vorrebbe restare bambino, dall'altro vuole differenziarsi e acquisire autonomia.

La famiglia deve affrontare l'arduo compito di trovare un nuovo equilibrio, di rinegoziare le distanze interpersonali per venire incontro alle esigenze, si sente a disagio, si domanda quale sia la cosa giusta da fare. I genitori, in fondo, hanno la consapevolezza che il loro figlio sta diventando grande, ma possono essere riluttanti ad ammetterlo, possono essere preoccupati di fronte alle richieste di autonomia e spaventati dal fatto di dover riassettare un equilibrio che ha funzionato bene per molto tempo. Il genitore adeguato dovrebbe essere sufficientemente flessibile da accogliere sia le richieste di protezione, che di autonomia del figlio, per aiutarlo nella ricerca della propria individualità senza farlo sentire solo. I coniugi si ritrovano a fare un bilancio di sé stessi come genitori, marito e moglie. L'adolescenza del figlio rimanda ai genitori l'idea del tempo che passa e fa riaffiorare in loro i ricordi della propria adolescenza intensificando le emozioni nei confronti dei propri genitori.

Alcune ricerche hanno dimostrato che i genitori di un figlio adolescente presentano grande stress e il matrimonio è soggetto a molte crisi, maggiormente accentuate all'interno di quelle coppie i cui coniugi si erano soprattutto identificati nel ruolo di genitori. In quest'ultimo caso, essi possono rischiare di sentirsi inutili o inadeguati di fronte al figlio che diventa indipendente, può venire meno la capacità di investire in termini di sostegno reciproco e di creare obiettivi condivisi.

D'altronde l'adolescente fa ben poco per agevolare l'armonia famigliare, è sempre alla ricerca del conflitto, mette in discussione idee e valori genitoriali.

Questi contrasti permettono al ragazzo di conoscersi meglio, di confrontare le sue idee e di definirsi rispetto al punto di vista altrui. Inoltre, attraverso il conflitto, l'adolescente impara alcune abilità sociali quali la capacità di ascolto, comunicazione, negoziazione, che saranno indispensabili per la futura vita relazionale.

La cognizione

L'ingresso nell'adolescenza comporta anche il perfezionare la capacità di ragionare in astratto, sapere valutare differenti ipotesi, valutare le conseguenze di una scelta. Queste abilità sono presenti anche prima dei dieci anni, ma dopo i dodici anni la persona acquisisce la consapevolezza delle potenzialità del proprio pensiero, lo valorizza, vi riflette.

Il raggiungere la capacità di riflettere sul proprio pensiero e su quello degli altri permette al giovane di prendere in considerazione idee differenti dalle proprie e la qualità delle relazioni muta, venendo meno il carattere egocentrico dell'epoca infantile. Eventuali successi in ambito cognitivo, quali buoni risultati scolastici, aiutano l'adolescente a rafforzare la propria autostima. La capacità di pensare a differenti possibilità rispetto alla situazione presente fa sì che l'adolescente possa diventare piuttosto critico nei confronti della sua realtà, immaginando soluzioni di vita ideali. Spesso queste possibilità non coincidono con i progetti delle figure di riferimento del giovane, ma è attraverso queste capacità di pensiero che si inizia a sviluppare la propria individualità.

La possibilità di pensare in astratto permette al giovane di fare i primi progetti per il futuro, immaginarsi "da grande" e prendere le prime decisioni importanti, quali la scelta della scuola o del lavoro. La maturazione dell'individuo è un processo molto lungo che dura l'interezza della vita e non si esaurisce con il termine dell'adolescenza. Sono le esperienze quotidiane e quelle straordinarie che facciamo nel corso di un'esistenza, a contribuire al nostro sviluppo cognitivo e affettivo.

Si tratta di un processo molto lento, di cui ci possiamo accorgere solo se abbiamo tempo per soffermarci a riflettere, a differenza dell'adolescenza, in cui i cambiamenti sono molti ed avvengono velocemente.

L'idea suicidaria, i fattori favorenti e i segnali di disagio

Chiedimi se voglio vivere!

Da dove nasce il disagio giovanile che spalanca le porte a processi autodistruttivi? Intanto è bene sapere che gli adolescenti e i ragazzi di oggi provano intense sensazioni di stress, confusione, insicurezza, pressioni per il raggiungimento dei successi attesi, incertezze economiche e altri timori che si manifestano durante la crescita.

Traumi e disagio nell'adolescenza

Il divorzio dei genitori e la conseguente formazione di un nuovo nucleo famigliare (con genitori e fratelli acquisiti) o il trasloco in una nuova comunità (con l'abbandono dei vecchi amici e del precedente ambiente) rappresentano per i ragazzini un vero trauma.

Questo stato di disagio che colpisce i ragazzi, può indurli a credere che il suicidio sia una soluzione ai propri problemi e tensioni. Convinzione che è alimentata a dismisura dai media che, così facendo, inducono i giovani a gesti emulativi e a interpretazioni giustificazionistiche.

Suicidi ed integrazione sociale

Durkheim ritiene che le condizioni dei vari ambienti sociali (confessioni religiose, famiglia, società politica, gruppi professionali, ecc.) influiscono sugli atti compiuti dal singolo e, in funzione di essi varia il suicidio e dimostra come il numero complessivo dei suicidi che si registrano in un dato anno in una data società è in relazione con il grado di integrazione sociale che la società stessa consente. Quindi, anche un evento personale come il suicidio può essere letto come fenomeno collettivo.

Egli considera il legame esistente tra il tasso sociale dei suicidi e l'azione regolatrice che la società svolge nei confronti dei sentimenti e delle attività dei suoi membri.

Parla di suicidio anomico e nota che le crisi economiche hanno un'influenza aggravante sulla tendenza suicida.

Ciò si verifica non soltanto quando si tratta di crisi che comportano un impoverimento della popolazione, ma anche quando esse comportano un aumento della prosperità.

Ciò dipende dal fatto che in entrambi i casi si tratta di perturbazioni dell'ordine e dell'equilibrio collettivo.

Si tratta di situazioni in cui l'individuo non sa più ciò che è possibile e ciò che non lo è, ciò che è giusto e ciò che non lo è e quali sono le speranze e le rivendicazioni legittime.

Nasce così uno stato di sregolatezza o di anomia. L'evidente assenza di un quadro valoriale forte porta i giovani a vivere sempre più diffusamente un senso di precarietà etica figlia di una realtà sovraccarica di stimoli ma povera di certezze.

Adolescenza ed inadeguatezza

L'adolescenza è l'età del no, ma l'esasperata ricerca di gratificazione di bisogni insostenibili, predicati dalla società dell'immagine e dei consumi, mette l'adolescente di fronte alla sua personale inadeguatezza rispetto ad una cultura che promette tanto ma mantiene poco, è inconsistente, in cui la famiglia si disgrega (divorzi e separazioni), i ruoli e l'identità di genere continuano ad essere scarsamente aperte alla reciprocità e alla complementarità (vedi omofobia), in cui il bisogno di sostegno e riferimenti chiari ed autorevoli viene a mancare dando spazio a superficialità e trasgressività.

Il suicidio pone il problema del significato della vita, della ricerca del significato e del rifiuto dell'assenza di significato.

Victor Frankl afferma che: "*Se la persona è riuscita a porre le basi del significato che cercava allora è pronta a soffrire, sacrificarsi e dare, se fosse necessario, la propria vita…..ma se non esiste alcun significato del suo vivere, una persona tende a togliersi la vita ed è pronta a farlo anche se tutti i suoi bisogni sono soddisfatti*".

La nostra società non favorisce la crescita.

C'è una grande fragilità relativa alla dipendenza dagli altri, dalle aspettative dei genitori, dalla ricerca di sé.

Nel mondo odierno il rischio è che tutto sia già pensato, pensabile e programmato, e dove il divertimento è un obbligo, i ragazzi cercano in tutti i modi di superare altri limiti anche con l'autodistruzione. Faticare a trovare un senso alla vita rende la morte affascinante.

La responsabilità della società in questo processo pesa più di quello che si crede.

La società del benessere preferisce prevenire ogni desiderio, piuttosto che lasciare al giovane di trovare una via autonoma per affermare le proprie aspirazioni.

Dov'è la fatica, la gioia della conquista, se già viene dato tutto?

Il suicidio degli adolescenti sembra diventare allora la metafora di una società «*bulimica, che non è in grado di trasmettere legami forti e autentici e fa collassare il desiderio*».

L'intenzione suicidaria nasce dal progetto di mettere in atto il suicidio, di provocare la propria morte ed è tipico di personalità già molto sofferenti, nelle quali la vita ha giocato un pesante effetto di disillusione cui non è seguito un momento di recupero costruttivo basato sul rapporto tra il sé e la realtà.

Segnali suicidari

Spesso il cammino verso il suicidio è "silenzioso" e non visibile agli altri. Il giovane lancia sempre messaggi che evidenziano le ideazioni suicidarie; segnali che i genitori potrebbero cogliere tempestivamente.

Vediamone alcuni:

- il cambiamento nelle abitudini alimentari e nel sonno
- ritiro da amici, famigliari e attività abituali (isolamento)
- azioni violente
- comportamenti ribelli e la fuga
- uso di droghe e alcol
- inusuale trascuratezza nell'aspetto personale
- marcati cambiamenti di personalità
- noia persistente
- difficoltà di concentrazione e calo nel rendimento scolastico

- frequenti lamentele riguardanti fastidi fisici, spesso legati ad emozioni (mal di stomaco, cefalee e affaticamento)
- perdita d'interesse per attività ritenute, in precedenza, piacevoli
- intolleranza verso le lodi e i riconoscimenti.

Il giovane che soffre di ideazioni suicidarie dice di essere una cattiva persona o di sentirsi una "mela marcia"; fa allusioni verbali del tipo "non voglio essere un problema per te", "non importa", "non serve" e "non ti voglio più vedere"; mette, ossessivamente, in ordine le sue cose, regala i suoi oggetti preferiti, rimette in ordine con cura la sua stanza; getta gli oggetti che, in precedenza, riteneva più importanti; dopo un periodo di depressione diventa improvvisamente allegro; mostra segni di psicosi (allucinazioni e pensieri bizzarri).

Segnali, a volte deboli, ma che i genitori dovrebbero cogliere come un grido d'allarme.

Possono, inoltre, aumentare la tendenza al suicidio:

- Precedenti tentativi di suicidio
- Concomitanza con l'alcolismo e l'uso di stupefacenti
- Casi di precedenti suicidi in famiglia
- Presenza di psicopatologie nei genitori
- Stato di disperazione
- Tendenza all'impulsività o all'aggressione
- Facilità d'accesso a strumenti letali come le armi
- Tendenza al suicidio di membri della famiglia, amici o persone care
- Precedenti di abuso sessuale o psichico
- Tendenze omosessuali o lesbismo (tendenza al suicidio ma non portarlo a termine)
- Relazioni difficili fra genitori e figli
- Stress della vita, in particolare improvvise perdite di relazioni interpersonali, problemi legali o disciplinari
- Mancanza di coinvolgimento nella vita scolastica o sul lavoro.

Motivazioni suicidarie

In generale le motivazioni che spingono il giovane a pensare al suicidio sono di 4 ordini:

- **esistenziali**: il giovane si sente spento, vive senza preoccuparsi di dare un senso alla sua vita. Non crede più in sé stesso e negli altri e si mostra forte nella sua normalità cinica ed apatica.

  Non depressione vera e propria, ma un'incapacità di innamorarsi della vita che lo tiene prigioniero di un'esistenza che altro non è che un inutile affaccendarsi prima della fine.

- **disperazione**: strattonato da sentimenti contrastanti che oscillano tra amore e odio per sé stesso, il giovane sperimenta la disperazione per la perdita dell'oggetto del suo desiderio (reale ed astratto).

  La fidanzatina di turno, una pagella insoddisfacente, il rimprovero di un professore, il mancato feeling coi compagni di classe, una bocciatura, la fine di un'amicizia.

  Delusioni comuni, forse banali ma che assumono un peso specifico drammatico per il giovane depresso, che si convince di non piacere né agli altri né a sé stesso, finendo per fare un bilancio negativo della sua vita senza prevedere alcun miglioramento futuro.

  Non mancano neppure casi in cui a dettare il suicidio sono motivazioni "altruistiche". Spesso il giovane decide di farla finita persuaso di giovare e alleviare, con il suo gesto, la vita dei propri cari, parenti ed amici. Me ne vado, non soffrirete più per colpa mia. Stremo meglio tutti.

- **vendetta/rivincita**: frequenti sono poi i casi in cui il "movente" del suicidio è riconducibile alla vendetta. Vendetta per l'indifferenza o la cattiveria patite per colpa degli altri. Il peso insostenibile della freddezza altrui, specie se prolungato, può diventare il pretesto di un tentativo di suicidio. Lo scopo? Colpire i responsabili del nostro malessere: genitori, partner, amici, ex fidanzati. Una richiesta d'amore rimasta a lungo inespressa ed inascoltata attraverso cui si cerca di ottenere da morti quello che non si è potuto avere da vivi.

- **ricongiungimento**: è la modalità comportamentale propria del giovane che ha subito una perdita o un lutto che ritiene inconsolabile. Col suicidio egli tenta di ricongiungersi con l'amato/a. Pensiamo ai giovani che hanno perso la fidanzata in incidenti stradali oppure familiari in circostanze tragiche e si sentono improvvisamente derubati di un amore esclusivo ed appagante. In questo caso il suicido non è che il modo attraverso cui la sua fantasia lo proietta in un futuro meno angosciante perché pieno di tutto ciò di cui ha bisogno: l'amato/a.

Tipologie di suicidio giovanile

La guerra contro sé stessi

Il suicidio è la peggiore aggressione verso sé stessi e va dalla mutilazione alla morte.

Non sempre l'evento corrisponde al voluto e pensato, cioè spesso solo una parte dell'Io ha pensato e voluto che quel fatto avvenisse senza ritorno.

Infatti, anche nei suicidi più meditati è reperibile attraverso la ricerca di scritti, disegni, comunicazioni, una lunga fascia di tempo in cui si intravedono il dubbio sul progetto e sui modi di realizzarlo, sugli effetti e le risonanze nell'ambiente familiare.

Il tentativo di suicidio è in minima parte dei casi sintomo di una malattia o della depressione, a volte conseguenza dell'abuso di droghe o alcol, spesso legato al senso d'isolamento del giovane, alla sua impulsività, a una storia di trauma, di abuso e di violenza.

Ma spesso vuole essere un messaggio potente e disperato: un messaggio rivolto ai genitori, ai propri insegnanti, all'oggetto d'amore

Il suicidio dimostrativo o strumentale, tentativo

Secondo l'OMS 20 volte più frequente del suicidio completo, è un'invocazione d'aiuto lanciato alle persone cui si è legati. Per lo più ha uno scopo dimostrativo ed è eseguito con modalità dirette a richiamare l'attenzione delle persone significative in situazione di distacco affettivo o conflitto. Malraux scriveva:" Non ci si suicida mai che per esistere", sottolineando che, in un certo senso, si gioca con la propria vita per forzare l'indifferenza dell'altro.

Il suicidio gioco ordalico

Simile al suicidio dimostrativo è il suicidio gioco ordalico come la roulette russa, che assume l'aspetto di n test: se muoio è perché devo morire, mi rimetto al caso o a Dio. A volte il ragazzo può mettere in atto comportamenti anomali, la fuga da casa, reati banali, come scappatoie per evitare l'atto autolesivo e per comunicare agli altri il suo grave disagio. Ma può verificarsi ugualmente l'evento per esempio durante una fuga con un'automobile guidata in modo spericolato.

Suicidio giovanile e bullismo scolastico

Per il giovane è difficile non tenere conto del giudizio dei coetanei che, quando porta all'emarginazione, ingenera una sofferenza che può sfociare in atteggiamenti di chiusura e ripiegamento oppure in atti impulsivi e scelte inconsulte.

Nella fase di transizione dell'adolescenza si è più fragili e si cerca l'approvazione del gruppo. Se il gruppo è assente o ostile, il livello di vulnerabilità aumenta. Rispetto ai valori, il gruppo non è disposto a concessioni.

Non seguire il gregge richiede infatti un'autostima e una forza interiore che il giovane ancora non sempre possiede. Scatta così la reazione del branco, con le possibilità che variano dalla ghettizzazione più indifferente alla persecuzione più intransigente e "letale", e al bullismo, prima causa di suicidio tra i banchi di scuola.

Suicidio giovanile e web

Branco e rete, una persecuzione che corre sul web ed è spesso fatale per più fragili. I ragazzi di oggi hanno un rapporto diretto con la propria rappresentazione pubblica in rete. Quando il gruppo di pari si sposta on line si ribadiscono i meccanismi classici del bullismo in forma amplificata. La vittima percepisce di essere umiliato in maniera totale, di aver perso la faccia, senza possibilità di riscatto. L'accanimento virtuale ferisce come e più di quello frontale e può dunque istigare al suicidio.

Suicidio giovanile emulazione e mass-media

Vi è poi il suicidio per imitazione (effetto Werther)[163]. I giovani sono spesso suggestionabili soprattutto quando hanno una fragilità di fondo ed i mass-media sono come una valanga che travolge tutto poiché, nel rapporto con tali mezzi di comunicazione, il ragazzo è decisamente il più debole. Egli arriva a credere che tutto il mondo sia fatto di ciò che telenovele e telefilm gli propongono ma la realtà è ben diversa e i meno preparati, più deboli, diventano vittime di tali illusioni.

Come risultato sentono la tristezza del divario tra la loro reale condizione e quella affascinante proposta dai programmi e può determinarsi una

---

[163]   Così chiamato per l'elevato numero di giovani che si tolsero la vita dopo aver letto il famoso romanzo di Goethe e che anche oggi si verifica in seguito a notizie diffuse dai mass-media su personaggi noti.

depressione, disadattamento sociale, delinquenza e, in casi estremi, il suicidio.

Il troppo interesse e l'enfatizzazione mediatica possono portare a fenomeni di emulazione.

Prestare troppa attenzione in tv e sui giornali ai casi di suicidio può risultare un boomerang e stimolare pericolosi comportamenti emulativi fra gli adolescenti.

Anche il mito del successo presentato come facilmente raggiungibile fa cadere nell'illusione che avere equivale ad essere, e se non ho non sono.

Suicidio giovanile e tossicodipendenza

Vi sono poi affinità fra il suicidio e alcune tossicodipendenze. Molti casi di overdose sono dei suicidi reali, premeditati.

Esiste poi n legame fra il servizio militare ed il suicidio giovanile.

Si verificano maggiormente fra i giovani del nord Italia (18-20 anni) con livello culturale medio-basso, con un lavoro e con famiglie normali.

Le motivazioni sembrano essere: lo sradicamento dalla famiglia, dagli amici, dall'ambiente abituale vissuto come perdita di sicurezza; la forzata stretta convivenza con altri coetanei e perdita del proprio spazio privato, l'inserimento in un gruppo non scelto con caratteristiche e regole rigide.

La possibile riattivazione di dinamiche conflittuali con l'immagine paterna riproposta dai seriori e di timori gelosie di rapporti interpersonali riproposte dai commilitoni, la possibile influenza negativa nel processo di adattamento della leadership quando questa è eccessivamente autoritaria, la verticalità gerarchica della struttura militare, la linea disciplinare che contrasta, generalmente, con quella famigliare attuale.

Cause di suicidio giovanile

Spesso l'adolescente che matura un'intenzione suicidaria, manifesta sintomi di varia natura, anche ben visibili ad un occhio e ad un orecchio attenti.

Periodi lunghi di umore "nero", di sconforto senza ripresa, di calo motivazionale generalizzato, di isolamento, possono portare ad un progetto "risolutivo" di una crisi esistenziale molto internalizzata.

Talvolta, il soggetto pronuncia "frasi spia" del tipo: *"Vorrei andare a dormire e non risvegliarmi più"*, oppure *"Cosa direte quando non mi vedrete più?"*, oppure ancora *"Vorrei sentire il mio corpo leggero ... come una piuma"*.

L'intenzione suicidaria testimonia una situazione di profondo disagio e come tale necessita di attenzione e di risposte adeguate. È importante che le persone che vivono insieme ad un ragazzo che manifesta questi sintomi sappiamo leggere adeguatamente la situazione ed entrino in rapporto con la persona in termini di stimolo positivo.

La storia familiare e gli eventi determinatisi a livello personale, sono solitamente decisivi nello sviluppo delle tendenze autolesive e di auto-soppressione.

Un fattore predisponente è sicuramente l'evento traumatico legato all'essere stato vittima di abusi sessuali, abbandoni o di violenze fisiche. Il suicidio del giovane sembra nascere dalla coscienza di un'infelicità vissuta senza speranza, dal non sentirsi utile e necessario, protagonista, un soggetto possibile portatore di affetti, cambiamenti, nuove idee.

Una ragazza di quindici anni scrive:" Noi giovani non abbiamo più futuro. Ce l'hanno portato via prima ancora che potessimo assaporarne la dolcezza".

Il desiderio e la volontà di morte nascono dunque come desiderio di essere qualcuno, di sentirsi amati e voluti, di contare qualcosa per il mondo prossimo e remoto.

Il desiderio di morte è il desiderio di parola, libertà, speranza, di cambiare il mondo con l'autenticità, la verità.

Le motivazioni al suicidio nel giovane hanno le stesse caratteristiche dell'adulto. Partendo da una base di autolesionismo vi è il senso di disperazione totale ed il riconoscimento dell'impossibilità di vivere in tali condizioni.

L'autoaggressione è una risposta disperata a un'etero-aggressione giudicata insostenibile ed il suicidio assume l'aspetto di una punizione verso sé stessi o gli altri "Sono responsabile di tutto, devo morire" "A me la morte, a te il rimorso".

In un suo studio in campo etologico K. Lorenz capisce la correlazione fra punizione verso gli altri e verso sé stessi: in un gruppo di anatre la dominante è più aggressiva e colpisce le altre finché riesce ad ucciderle.

Ponendo uno schermo fra la prima e le altre, l'anatra persecutore non riusciva più a colpire le altre e, rendendosi conto di questo si rivolse contro sé stesso distruggendosi.

Si deduce che l'atto suicida sia contemporaneamente un atto vendicativo ed un'espiazione dove il suicida è sia colpevole che vittime.

Le cause di queste situazioni disperate possono essere legate al rapporto con i genitori: quanto più il rapporto è vitale per il giovane tanto più l'evento o la situazione che glielo rappresentano in pericolo risulta insopportabile.

La disfunzione di tale rapporto viene correlata all'immagine di sé proiettata verso gli altri. Una personalità forte riesce a ricomporsi anche di fronte ad una frustrazione grave ma più combinazioni negative nella valutazione del proprio io possono determinare un "voto vitale" intorno al giovane che può essere paragonato ad all'asfissia e, quindi, all'impossibilità di vivere.

La progressiva delegittimazione della figura paterna e di ogni forma di autorità e l'esaltazione della libertà personale incondizionata determinano un'indifferenza di fondo in cui gli adolescenti non trovano punti di riferimento, sono come continuamente bombardati da messaggi che esaltano l'onnipotenza dell'uomo che può decidere cosa fare e come farlo e allora perché non poter decidere anche quando morire?

Se tutto è possibile allora anche la morte è possibile e allora perché non sfidarla?

La libertà senza responsabilità porta a conseguenze gravissime. L'educazione da parte dei genitori non serve solo a fornire le regole di convivenza sociale, ma anche a supportare i figli con metodi di gestione emotiva e la capacità di saper affrontare le delusioni e i dolori.

Ci sono degli aspetti del problema: la personalità propria del minore e il rapporto con i genitori.

Tanto più la figura materna è centrale nella crescita di un individuo, tanto più gravi possono essere i danni causati dalla sua incapacità di corrispondere al suo ruolo. I comportamenti antisociali come la rabbia, l'aggressività e perfino l'istinto al suicidio affondano le radici nell'infanzia.

Di più, proprio il tipo di legame che si instaura con la madre è responsabile della manifestazione di condotte aggressive o autolesionistiche nel periodo giovanile e dell'evoluzione di questi disturbi in disagi ancora più gravi nell'età adulta.

Tipologie di personalità

Ci sono tre tipologie di giovani:

1. l'introverso, il solitario che ha pochi amici, non comunica in famiglia, nessuno che gli dia una mano nei momenti di depressione e trauma emotivo
2. l'estroverso, agitato, che cerca di affogare i suoi affanni nel superattivismo autodistruttivo, magari con alcool e droghe
3. il perfezionista, che non può tollerare il fallimento, l'umiliazione, la frustrazione.

La relazione con la madre può creare un bambino insicuro e più avanti un adulto fragile o violento. Il tono della voce che cambia, le braccia che all'improvviso si negano ad un abbraccio sono esempi di gesti apparentemente impercettibili che però possono spaventare profondamente un bambino se a compierli è la sua mamma.

E se questi gesti si ripetono costantemente possono diventare per lui traumatici come se avesse assistito ad un'aggressione. Gli atteggiamenti di rifiuto del genitore, le risposte negative e quelle disorientate, le espressioni spaventate e gli errori di dialogo affettivo sono indici di comunicazione alternata tra la mamma e il bambino e sono significativamente collegati alla presenza di problemi psicologici del figlio: comportamenti disorganizzati nell'infanzia e disturbi psicopatologici nell'età adolescenziale come l'istinto al suicidio e disturbi antisociali.

Il suicidio dei giovanissimi è stato inquadrato dagli studiosi come conseguenza a lungo termine del fallimento precoce della comunicazione tra madre e bambino, cui si aggiungono però anche fattori di tipo psicologico, biologico, culturale e ambientale.

Il tipo di interazione che un adulto instaura con un bambino e con un adolescente è assolutamente importante: ma è anche uno dei punti più critici della nostra società.

Il giovane struttura la sa personalità durante il suo sviluppo attraverso conoscenze, identificazioni, aspirazioni proprie e può accadere che i genitori concepiscano per lui aspirazioni e fini diversi comportando una chiusura del ragazzo a sé stesso o un costante scontro con i genitori.

È un equilibrio difficile da trovare e spesso prevale la personalità più forte con conseguenti problemi. Alcuni giovani si sentono talmente dominati da non trovare altra liberazione che la propria eliminazione che corrisponde ad una scelta autonoma e reazione ad un prolungato senso d'impotenza.

La comunicazione fra genitori e figli permette di instaurare un valido rapporto affettivo, premessa alla comprensione delle potenzialità e capacità del figlio con conseguente possibilità di assecondarne i progetti. Nasce anche l'attitudine da parte del figlio a far riferimento, per i suoi progetti, ai genitori. Naturalmente tali attitudini nascono in un contesto reale e continuo di vita comune, condizione che, purtroppo, non è sempre presente nella nostra società. Così l'isolamento dalla famiglia, la polarizzazione degli interessi esterni (scola, tempo libero...), problemi personali dei genitori (economici, di lavoro, carriera...) vengono a determinare n distacco non solo temporale ma anche affettivo e psicologico che, se protratto, porta alla perdita di comprensione reciproca dei problemi. Spesso l'adulto crede di assolvere i suoi compiti educativi con la semplice comunicazione verbale, generalmente precettiva, dimenticando che educare è prima di tutto comunione di vita, esempio quotidiano, partecipazione ideale ed emotiva agli affetti, alla vita del figlio. Quando il rapporto genitori e figli perde la comprensione e la percezione della gravità di tale perdita, in situazioni di criticità il soggetto più debole del rapporto viene compromesso in maniera irrecuperabile e a volte drammatica. Capiamo allora quanto importante sia, anche su questi temi, la giusta attenzione educativa: i problemi psichici nel loro insorgere e nella loro evoluzione, hanno sempre un'eziologia educativa. Le carenze genitoriali a riguardo sono sempre determinanti: se poi ad esse si aggiungono altri fattori di rinforzo negativo è possibile giungere alla composizione di sindromi difficili da risolvere. Quella attuale è una società piuttosto in crisi nell'accudimento e nella protezione dei "piccoli", al punto che talvolta li sopprime o procura loro, pur senza un'intenzione specifica, ferite psichiche tali da indurre loro stessi a togliersi la vita. Non è poi così improbabile provocare danni psicologici nei bambini e negli adolescenti: i risultati peggiori si raggiungono quando il soggetto sviluppa convinzioni profonde del tipo: *"non sono importante per nessuno"*, *"non valgo nulla"*, *"non mi piaccio in nessun aspetto"*, *"non piaccio a nessuno"* etc.

Le note di suicidio

"Senza di lui/lei non posso più vivere...
non esisto!"

I biglietti di suicidio definiti anche "note di suicidio" scritti da adolescenti e da giovani lasciati appena prima di compiere l'atto estremo, evidenziano la ribellione, la protesta, il rifiuto, la delusione, a volte velati da sarcasmo e ironia.

Alcune caratteristiche ricorrenti sono state classificate e raggruppate in un elenco che riportiamo qui sotto. Hanno il valore di parole pensate, scritte ed affidate ai propri cari da una persona sofferente che ha deciso di mettere fine alla propria vita.

La perturbazione emotiva

Gli adolescenti sono generalmente travolti da emozioni violente e sentimenti di depressione e disperazione.

Quando sono euforici sono esultanti, quando sono insoddisfatti avvertono un'avversione totale e assoluta.

Le situazioni interpersonali sono intense ma disturbate.

I legami affettivi sono spesso intensi, alternati a periodo di isolamento, mutismo e chiusura (amicizie e grandi amori, cupe ostilità, rancori, inimicizie e vendette). Percezione della perdita o rifiuto dell'altro come perdita di sé.

Catastrofe emotiva

Quando rompono una relazione affettiva importante, gli adolescenti percepiscono la perdita in modo lacerante e vivono spesso l'identificazione con la persona perduta o rigettata. Tale situazione può condurre il giovane a fantasie suicide. La persona sente che con la perdita dell'altro ha smarrito sé stessa.

La perdita è vissuta come evento catastrofico, come morte di sé, come la rovina di ogni cosa, come perdita di significato e nessuna nuova esperienza può riempire il vuoto lasciato.

Si desidera solo abbandonare tutto e rinunciare alla vita. Mentre l'adulto, normalmente, riesce a compensare la perdita con altre relazioni ed interessi, il ragazzo resta emotivamente sconvolto perché in lui/lei esiste una forte contrapposizione-polarizzazione: o tutto o niente.

Percezione di sé in termini dicotomici e polarizzati

Tipico dell'adolescenza è il pensiero, linguaggio, comportamento estremista.

È tutto bianco o nero, tutto o niente: "Tutti mi amano" oppure "Nessuno mi ama, sono uno schifo".

Sono quindi molto poco flessibili e capaci di adattamento.

Debolezza del senso d'identità

La crisi d'identità, secondo Erikson, provoca una confusione rispetto al proprio ruolo personale e sociale portando il giovane ad auto svalutarsi, vergognarsi, odiarsi.

Non riescono a differenziare il proprio sé (personale) da quello degli altri (sociale) e da ciò che gli altri pensano di loro. Ciò li porta all'incapacità di adattamento creativo in situazioni di malessere e a non utilizzare le capacità costruttive nel risolvere i conflitti e le difficoltà personali. I giovani suicidi hanno un Io debole, sono più fragili emotivamente di fronte all'insuccesso, alla frustrazione, alla sofferenza.

Il messaggio relazionale

Il significato relazionale del suicidio è quello di inviare un messaggio agli altri e all'ambiente che circonda la persona: di solito è un messaggio di odio, condanna, ribellione, sconfitta, delusione. C'è chi si suicida per vendicarsi o per punire coloro dai quali ritiene di non essere meritato.

Con la minaccia di suicidio si vuole mettere in allarme il sistema familiare scuotendolo violentemente.

La morte non è il fine ma solo il mezzo per colpire l'ambiente e liberarsi di una situazione ritenuta insostenibile.

La retroflessione dell'aggressività

Il suicida ha spesso un rapporto ostile e aggressivo con l'ambiente che lo circonda e le persone che ne fanno parte. Sentendosi impotente ed incapace di rivolgere questa aggressività sull'ambiente la rivolge verso sé stesso ed è quindi la retroflessione dell'aggressività che avrebbe voluto rivolgere al proprio ambiente. Psicologicamente avviene una scissione di personalità, una lacerazione che conduce il suicida a muoversi guerra (una parte uccide l'altra) agendo come giustiziere e vittima allo stesso tempo. Questa guerra è il risultato dell'interiorizzazione di conflitti interpersonali irrisolti. Possiamo definirlo come "omicidio timido". È l'impulso distruttivo orientato contro gli altri in modo debole e, alla fine, si rivolge contro sé stessi l'odio diretto agli altri (Freud 1917, Klein 1935). Nessuno uccide sé stesso se non ha desiderato di uccidere un altro o almeno ne ha desiderato la morte.

Interruzione del contatto con la realtà e la vita

Il suicida intende tagliare i ponti con la realtà di sofferenza esistenziale e con il mondo circostante percepito come minaccioso, ostile, avvelenato, persecutorio, annientante. Ne risulta una smisurata sensazione di disgusto e nausea verso la vita non più considerata come "un sommo bene".

Il suicida vuole dimostrare che ci sono nella vita mali più grandi della morte. La percentuale di suicidio è inversamente proporzionale all'integrazione sociale e quando la regolazione è eccessiva (Durkaim 1897) la vita appare insopportabile e si cerca una via di fuga: o la ribellione (collettiva) o il suicidio (protesta individuale). Quando invece la regolazione sociale è debole vengono a mancare norme e valori ed emerge l'anomia che conduce alla disgregazione sociale, non c'è più rispetto dell'altro, non ci sono più valori, orientamenti, autocontrollo, responsabilità.

Prevenzione

La prevenzione primaria

L'elemento principale da cui un programma di prevenzione del suicidio deve partire riguarda il livello di autostima. È importante tener presente che l'autostima non coincide con il concetto che ognuno ha di sé, ma ne rappresenta una componente, insieme all'auto-accettazione. In altre parole, il concetto di sé include sia una concezione positiva di sé stessi (l'autostima), sia una negativa (l'auto-accettazione, ovvero l'accettarsi per come si è, con tutti i difetti che possiamo avere). Insegnare a promuovere o a migliorare il concetto che un giovane ha di sé può quindi aiutarlo ad avere una maggiore fiducia nei propri mezzi e nelle proprie capacità di far fronte a eventi negativi della vita.

La prevenzione secondaria

Prevenzione secondaria significa, innanzitutto, riconoscere i segni premonitori di una condotta autolesionistica e intervenire quando questi gesti assumono una rilevanza preoccupante. Utile e necessario è la presa in carico dell'adolescente che tenti per la prima volta il suicidio. Va tenuto presente che il principale fattore di rischio di morte per suicidio è il fatto di averlo già tentato in precedenza. Un altro fattore di rischio concerne l'effetto di "induzione" che può scatenare in una comunità giovanile il suicidio o il tentato suicidio di uno dei suoi membri. In questo caso i "sopravvissuti" sono esposti al rischio di idealizzare il compagno scomparso ed il suo gesto. Che è così glorificato, facendo correre il rischio a qualche ragazzo coinvolto in vincoli di amicizia o ad altri narcisisticamente fragili di voler emulare il compagno. Molti dati statistici impongono di prendere sul serio questa prospettiva; sono ampiamente documentate vere e proprie epidemie di tentati suicidi o suicidi in comunità giovanili che debbono essere considerate esposte al rischio di contagio psichico o meglio di induzione, nel senso di "agire" come proprio un vissuto di morte, un desiderio di annientamento che però non gli appartiene. In un'ottica di prevenzione del gesto suicidario una corretta analisi dello stato emotivo della persona è estremamente rilevante, soprattutto nei casi in cui le informazioni a disposizione del medico siano molto scarse (il paziente nega, è reticente o ambivalente) in quanto, per esempio, stati depressivi o altri disturbi a livello emotivo possono aumentare il rischio suicidario; ecco quindi che qualsiasi strumento in grado di individuare automaticamente gli stati emotivi a partire anche da una risorsa testuale (es. un diario, un blog, etc.) ha un valore inestimabile per poter intercettare questi stati (Liakata et Al., 2012).

Ruolo dei genitori

Di fronte al disagio giovanile che può evolvere in comportamenti e verbalizzazioni suicidarie è bene che i genitori non confondano i problemi del figlio con cause determinate dalla crescita perché, in effetti, i segnali di allarme o di attuazione del suicidio nei giovani sono simili a quelli della depressione. Che cosa fare? In molti casi il suicidio del minore avviene improvviso e inatteso in una condizione apparentemente tranquilla del suo ambiente di vita e, in tali casi le angosce del giovane appaiono vissute a lungo e in totale isolamento, senza sfogo o comunicazione. Il 96% dei genitori ed insegnanti di un figlio o alunno che si è suicidato dichiara di non essersi mai accorto di nulla anche se riconoscono, a posteriori, che certi elementi nel comportamento avrebbero potuto farli sospettare. Come intervento è fondamentale avviare rapporti di comunicazione e contatto poiché avere una persona di ci fidarsi o un amico è determinante per diminuire l'isolamento ma è altrettanto importante non escludere a priori il coinvolgimento di terze persone. Parlare della morte da parte dei genitori e educatori è in parte liberante e occorre parlarne in modo da riuscire a farglielo inserire negli eventi naturali. Occorre riuscire a comprendere la disperazione che si nasconde dietro l'aggressività apparente e imparare a stargli vicino senza troppe pretese.

Gruppi di self –help

Sono utili i gruppi di self-help nelle situazioni di crisi con giovani preparati. Tuttavia, il sostegno psicoterapeutico è indispensabile di fronte ai tentativi di suicidio. È necessario affermare il valore fondamentale della vita favorendo l'elaborazione e l'assunzione di una visione esistenziale che, pur riconoscendo i limiti della natura umana, sappia evidenziare quanto vi è di positivo, quanto di interessante e nuovo è stato realizzato e può ancora essere attuato in futuro, la responsabilità che l'uomo ha nel vivere il momento presente che chiede di gustare la vita in profondità e di non sciupare nessun istante.164La maggior parte dei suicidi si determina là dove una libertà mal interpretata non ha saputo dire dei "no" come segno di presenza, di affetto, di capacità del genitore di misurarsi con il figlio poiché nel " no" del genitore c'è la possibilità per il figlio di misurare se stesso e avere un punto di riferimento sicuro e solido.

Micro-suicidi

Esiste una forma di suicidio di una parte di noi stessi, il giustiziare un componente del nostro Io, il rifiuto di un periodo o parte della nostra vita. Ogni giorno, forse, commettiamo dei "micro-suicidi" abbandonando parte di noi stessi all'oblio. Gli avvenimenti esteriori, i conflitti che trovano pace

---

[164]   E. Fizzotti L'onda lunga del suicidio tra voto esistenziale e ricerca di senso. In Anime e corpi n. 161 - 1992

al prezzo di brandelli di sé incrinano l'unità somato-psichica dell'individuo.

La perdita di parte di sé

Se, in genere, il suicidio è l'estrema stazione della depressione (legata alla sensazione o coscienza di una perdita) dovremmo analizzare più profondamente le motivazioni e dinamiche delle perdite. Nel corso della propria esistenza l'uomo incontra occasioni di perdita e, a volte, le determina. Alcune sono accidentali altre sono volontarie. Le perdite volontarie sono caratterizzate ad esempio dall'atto di colui che sacrifica una parte del suo corpo in un'azione avventurosa e po' avere fini e ideali simili a quelli del sacrificio totale di sé, il suicidio sacrificale. Vi sono perdite che riguardano parti della componente etica o psichica di sé: l'amputazione di un affetto per fuga o indegnità dell'amato/a può spingere al suicidio. Quanta parte di lei/lui era dentro la persona? L'individuo era depresso perché insicuro o perché quella persona era talmente parte di sé da portare via qualche cosa? Da tutto ciò si comprende come i fattori esterni hanno importanza nella misura in cui vengono vissuti dal soggetto.

Superamento del senso di perdita

Più frequentemente un programma di vita può essere stravolto perché il soggetto si sente perdente o incontra compromessi inaccettabili per poter proseguire. Il rapporto con noi stessi, quindi, assume importanza fondamentale e richiama allo sviluppo positivo e completo della personalità sia del giovane che dell'adulto in un'evoluzione permanente verso il vero sé spesso negato e misconosciuto. Siamo in grado, come educatori, di far intravedere ai giovani il traguardo verso cui camminare? Sappiamo spingerli al rischio, al superamento degli attaccamenti, alla trascendenza di se stessi? Quanto noi stessi viviamo e testimoniamo queste realtà?

Segni premonitori

Per gli adolescenti già sottoposti a cure psichiatriche, una sensibilizzazione ai problemi psichiatrici dei famigliari può risultare efficace per aiutare i famigliari a meglio comprendere i problemi dei loro giovani con lo scopo di migliorare l'accettazione delle cure e consentire ai genitori di tenere sotto osservazione i pazienti con riguardo a cogliere i sintomi ricorrenti, imparare come comportarsi con i figli e come affrontare malattie della mente. La maggior parte dei suicidi si compie dopo alcuni segni premonitori. Una delle strategie più efficaci per prevenirlo è di insegnare alle persone come accorgersi e affrontare i segni premonitori di tendenze suicide aumentando la tendenza a cercare aiuto dei giovani a rischio. Il controllo dell'esistenza di psicopatologie tra gli adolescenti può essere un modo di identificare i soggetti a rischio, ma poiché la predisposizione è soggetta ad alti e bassi, i controlli devono essere ripetuti nel tempo e la cura di psicopatologie dei genitori po' attenuare la tendenza nei giovani psicolabili.

Ridurre i fattori di rischio

Uno degli scopi principali della strategia di prevenzione è quella di ridurre i fattori di rischio. Le psicopatologie (disturbi di personalità, asocialità, abuso di sostanze) sono fortemente legati alla predisposizione al suicidio e sono tutti curabili. Poiché alla base dei tentati suicidi dei giovani vi è uno stato di depressione, la terapia cognitivo-comportamentale e le terapie di gruppo possono risultare efficaci per curare la depressione ma, poiché chi si è suicidato non rientra nella casistica delle cure, non se ne conosce, in effetti, l'efficacia.

Attenzione al dialogo

Un'attenzione ai segnali, ma soprattutto una grande cura del dialogo, un'apertura e disponibilità autentiche da parte dei genitori. Il rischio maggiore è il silenzio del mondo degli adulti. Un ascolto che pone dei punti fermi e, allo stesso tempo, non deve essere finalizzato a qualcosa di pedagogico quanto piuttosto a intercettare un disagio, una difficoltà nella costruzione dell'identità. «Ascolto significa restituire ai giovani il loro modo di porsi rispetto a libertà e responsabilità». Si fa sempre più fatica a rimproverare, per un malinteso tentativo di evitare ai giovani un senso di frustrazione, ma l'ascolto è e resta un punto fondamentale, nella famiglia e nella scuola.

Imparare a chiedere aiuto

È bene che i genitori degli adolescenti e dei giovani siano pienamente consapevoli che la depressione e le ideazioni suicidarie sono dei veri e propri disturbi psichiatrici trattabili con processi terapeutici. Quindi, la premessa alla riduzione e al superamento delle ideazioni suicidarie è connessa alla capacità dei genitori di comprendere che il figlio ha bisogno che il suo disagio sia riconosciuto e diagnosticato e di conseguenza, che si proceda alla messa a punto di un programma terapeutico adeguato alle necessità. Diciamo di più, quando i genitori comprendono che il loro ragazzo ha un problema serio non abbiano timore a rivolgersi a un professionista specializzato in sanità mentale per l'infanzia e l'adolescenza.

Se un ragazzino dice di volersi suicidare va ascoltato e preso sul serio e va messo nella condizione – con l'assistenza di un professionista specializzato nell'ambito della salute mentale – di essere assistito al meglio. Ci rendiamo conto che affrontare un argomento drammatico come quello del suicidio è difficile e complesso, tuttavia chiedere al ragazzo, nel modo dovuto, se sia depresso o stia pensando di suicidarsi non può che essere utile. Per fugare ogni dubbio, è bene sapere che domande come le precedenti non inducono, se non marginalmente, l'emersione di ideazioni suicidarie. Viceversa, è molto importante che il ragazzo senta che attorno a sé c'è qualcuno che, con fare rassicurante, si prende cura di lui e gli dà la possibilità di parlare del proprio disagio e dei propri problemi. Se uno (o più) dei segnali di disagio che abbiamo evidenziato si manifesta, i genitori devono conoscere quali preoccupazioni assillano il ragazzo, cercando poi – con l'assistenza di un professionista specializzato nell'ambito della neuropsichiatria infantile – di eliminare il suo stato di disagio.

Possibilità di guarigione

Del resto, come confermano gli studi, la vicinanza della famiglia e un trattamento sanitario efficace permettono al ragazzo con ideazioni suicidarie di guarire e tornare sulla strada di un sano ed equilibrato sviluppo psichico. Per i genitori, oltre ad imparare a rapportarsi con i figli, diventa indispensabile confrontarsi con l'ambiente esterno in continua mutazione, crescita tecnologica e nuove idee, lavoro, economia, violenza, devianza e disagio, ecc., ma anche ed inevitabilmente con il gruppo dei coetanei; con una generazione che inventa, quotidianamente, il modo di vestire, i capelli lunghi, corti e non, modelli, musica e tanto altro ancora.

Accettare la possibilità di commettere errori

I nostri adolescenti sono portati a sperimentare, provare, cambiare mode, idee, attività prima di arrivare ad una conclusione, decisione e ad una scelta che possa diventare duratura. Dobbiamo permettere loro di fare delle scoperte per comprendere cosa chiedono alla vita e cosa vogliono dalla vita, quali principi da inseguire e sostenere. Le cose che destano più preoccupazioni in noi genitori sono i repentini cambiamenti di idee, le altalenanti prospettive per il futuro, le incostanti scelte professionali, mentre ci aspetteremmo già un comportamento da adulto; vorremmo aiutarli, proteggerli, farli decidere per il meglio. Invece? La risposta è quella che, pur volendo, non possiamo. Ognuno deve commettere errori ed apprendere da essi. Le nostre reazioni, per svariati motivi comportamentali e non, sono le critiche e giudizi negativi nei loro confronti, con il raggiungimento di un risultato in perdita e di un conseguente aumento della distanza fra noi e loro. Approvazione completa? No, sforzandoci, almeno, di evitare i commenti. Non possiamo farci travolgere emotivamente da episodi non importanti, ma dobbiamo invece riuscire a separare questi dagli aspetti più importanti, entrare nel loro mondo in punta di piedi per essere più presenti ed influenti nei casi di una certa entità e per poterne circoscrivere il danno.

Pensiero ipotetico

Altro aspetto, non meno importante, è la conquista da parte dell'adolescente del "pensiero ipotetico", con il quale ogni genitore deve confrontarsi. Attraverso tale "pensiero" i nostri figli non percepiscono soltanto l'aspetto immediato delle cose, della realtà, ma anche quello che ipoteticamente possono assumere. Ed è proprio attraverso questa nuova capacità che, noi genitori una volta idealizzati, ora veniamo visti come "colossi di Rodi con i piedi di argilla", veniamo messi in discussione, confrontati con altri genitori "migliori", più permissivi e più aperti alle loro idee, veniamo criticati per il nostro "predicar bene e razzolare male" a mezzo di incoerenza ed ipocrisia. Dobbiamo confrontarci continuamente su questioni più svariate, più formali che sostanziali, sollevate ed intellettualizzate dai nostri figli; con un continuo giocare di idee, di convinzioni e di elaborazioni oggettive e filosofiche.

Conclusione

In conclusione, se desideriamo aiutare a crescere i nostri figli, tra l'altro quale genitore non vorrebbe aiutarli e desiderare il meglio per loro, dobbiamo acquisire la capacità di aiutarli a rendersi indipendenti da noi, dai nostri schemi. Accettare i loro errori, in quanto è giusto che li facciano, avere la forza di comprendere che, il più delle volte, il sostegno più efficace è quello di non aiutarli affatto. Non solo un giusto e traboccante amore genitoriale, ma la costruzione di un rapporto di amicizia con una persona, individuo che cresce e matura, un'amicizia da alimentare, da conservare per un soddisfacente, continuo e duraturo successo. Incoraggiamento all'indipendenza, all'autonomia significa infondergli fiducia in sé stessi, farli sentire capaci, rispettati e considerati.

Bibliografia

- Aguglia E., Signorelli M. S., Pollicino C., Arcidiacono E., & Petralia A. (2010). Il fenomeno dell'hikikomori: Cultural bound o quadro psicopatologico emergente? *Giornale di Psicopatologia, 16*, 157-164.

- American Psychiatric Association [APA] (2002). *DSM-IV-TR. Diagnostic and statistical manual of mental disorders (4thed.). Text Revised.* Washington, DC: APA.

- American Psychiatric Association (2013). *DSM-5. Diagnostic and statistical manual of mental disorders (5th ed.).* Washington, DC: APA.

- Borovoy, A. (2008). Japan's hidden youths: Mainstreaming the emotionally distressed in Japan. *Culture, Medicine, and Psychiatry, 32*, 552-576.

- Crepaldi, M. (2013). *Gli hikikomori non si uccidono.* Retrieved August 3, 2015, from http://hikikomoriitalia.blogspot.it/2013/07/gli-hikikomori-non-si-uccidono.html

- De Michele F., Caredda M., Delle Chiaie R., Salviati M., & Biondi M. (2013). Hikikomori (ひきこもり): Una culture-bound syndrome nell'era del web 2.0. *Rivista di Psichiatria, 48(4)*, 354-358.

- Doi, T. (1991). *Anatomia della dipendenza. Un'interpretazione del comportamento sociale dei giapponesi.* Milano, Italia: Raffaello Cortina.

- Furlong, A. (2008). The Japanese hikikomori phenomenon: Acute social withdrawal among young people. *The Sociological Review, 56(2)*, 309-325.

- García-Campayo, J., Alda, M., Sobradiel, N., & Sanz Abós, B. (2007). Un caso de *Hikikomori* en España. *Medicina Clínica, 129(8)*, 318-319.

- Giannini, M., & Loscalzo, Y. (2016). Social anxiety and adolescence: Interpretation bias in an Italian sample. *Scandinavian Journal of Psychology, 57*, 65-72.

- Hattori, Y. (2005). Social withdrawal in Japanese youth: A case study of thirty-five Hikikomori clients. *Journal of Trauma Practice, 4,* 181-201.

- Ishikida, M.Y. (2005). Japanese education in the 21st century. *School-Related Problem, 4,* 122-125.

- Jeon, Y. J., & Seo, M. Y. (2006). High-school student' internet addiction and related variables. *Journal of the Korean Home Economics Association, 44(3),* 13–25.

- Koyama, A., Miyake, Y., Kawakami, N., Tsuchiya, M., Tachimori, H., & Takeshima, T. (2010). Lifetime prevalence, psychiatric comorbidity and demographic correlates of Hikikomori in a community population in Japan. *Psychiatry Research, 176(1),* 69-74.

- Krieg, A., & Dickie, J. R. (2013). Attachment and hikikomori: A psychosocial developmental model. *International Journal of Social Psychiatry, 59*(1), 61-72.

- Lee, Y. S., Lee, J. Y., Choi, T. Y., & Choi, J. T. (2013). Home visitation program for detecting, evaluating and treating socially withdrawn youth in Korea. *Psychiatry and Clinical Neurosciences, 67,* 193-202.

- Lock, M. (1986). Plate for acceptance: School refusal syndrome in Japan. *Social Science and Medicine, 23,* 99-112.

- Loscalzo, Y., & Giannini, M. (2015a). Workaholism: Cosa c'è di nuovo? *Counseling. Giornale Italiano di Ricerca e Applicazioni, 8*(3).

- Loscalzo, Y., & Giannini, M. (2015b). Prevenzione del disturbo d'ansia sociale in adolescenza. Proprietà psicometriche dell'Adolescents' Interpretation and Belief Questionnaire (AIBQ). *Counseling. Giornale Italiano di Ricerca e Applicazioni, 8*(2).

- Loscalzo, Y., & Giannini, M. (2016a). *A new conceptualization of workaholism: The Comprehensive Model.* Manuscript submitted for publication.

- Loscalzo, Y., & Giannini, M. (2016b). *Studyholism: A Comprehensive model for a new behavioral addiction.* Manuscript submitted for publication.

- Mathews, A., & Mackintosh, B. (2000). Induced emotional interpretation bias and anxiety. *Journal of Abnormal Psychology, 109,* 602-615.

- MiersA. C., Blöte, A. W., Bögels, S. M., & Westenberg, P. M. (2008). Interpretation bias and social anxiety in adolescents. *Journal of Anxiety Disorders, 22,* 1462- 1471.

- Moretti, S. (2010). Hikikomori. La solitudine degli adolescenti giapponesi. *Rivista di Criminologia, Vittimologia e Sicurezza, 4(3)*, 41-48.

- Nagata, T., Yamada, H., Teo, A. R., Yoshimura, C., Nakajima, T., & van Vliet, I. (2013). Comorbid social withdrawal (hikikomori) in outpatients with social anxiety disorder: Clinical characteristics and treatment response in a case series. *International Journal of Social Psychiatry, 59*(1), 73-78.

- Nakane, C. (1992). *La società giapponese.* Milano, Italia: Raffaello Cortina.

- Organizzazione Mondiale della Sanità [OMS] (1992). *ICD-10, Classifications of mental and behavioural disorder: Clinical descriptions and diagnostic guidelines.* Geneva: OMS.

- Ricci, C. (2008). *Hikikomori: Adolescenti in volontaria reclusione.* Milano, Italia: FrancoAngeli.

- Ricci, C. (2009). *Hikikomori – Narrazioni da una porta chiusa.* Roma, Italia: Aracne.

- Ricci, C. (2011). *Hikikomori e adolescenza: Fenomenologia dell'autoreclusione.* Milano, Italia: Mimesis Edizioni.

- Ricci, C. (2014). *La volontaria reclusione. Italia e Giappone: Un legame inquietante.* Roma, Italia: Aracne.

- Saitō, T. (1998). *Shaikaiteki hikikomori:* Owaranaishishunk [Hikikomori: Adolescence without end]. Tokyo: PHP Kenkyuujo.

- Saitō, T. (2010). *Hikikomori no hyouka shien ni kansuru gaidorain* [Guideline on evaluation and support of hikikomori], Tokyo: Ministry of Healt, Labour & Welfare.

- Sakamoto, N., Martin, R. G., Kumano, H., Kuboki, T., & Al-Adawi, S. S. (2005). Hikikomori, is it a culture reactive or culture-bound syndrome? Nidotherapy and a clinical vignette from Oman. *International Journal of Psychiatry in Medicine, 35*(2), 191-198.

- Suwa, M. (2012). Hikikomori and Japanese Culture. Possible contributing factors of Hikikomori. *Kenkô iryô kagaku kenkyû, 2*, 85-88.

- Suwa, M., & Suzuki, K. (2013). The phenomenon of hikikomori (social withdrawal) and the socio-cultural situation in Japan today. *Journal of Psychopathology, 19*, 191-198.

- Tajan, N. (2015). Social withdrawal and psychiatry: A comprehensive review of Hikikomori. *Neuropsychiatrie de l'Enfance et de l'Adolescence, 63*, 324-331.

- Teo A. R. (2010). A new form of social withdrawal: A review of hikikomori. *International Journal of Social Psychiatry, 56*(2), 178-185.
- Teo, A. R. (2013). Social isolation associated with depression: A case report of hikikomori. *International Journal of Social Psychiatry, 59,* 339-341.
- Teo, A. R., Fetters, M. D., Stufflebam, K., Tateno, M., Balhara, Y., Choi, T.Y., ... & Kato, T. A. (2015). Identification of the hikikomori syndrome of social withdrawal: Psychosocial features and treatment preferences in four countries. *International Journal of Social Psychiatry, 61,* 64-72.
- Volpi, B. (2014). *Gli adolescenti e la rete.* Roma, Italia: Carocci.
- Zielenziger, M. (2006). *Non voglio più vivere alla luce del sole: Il disgusto per il mondo esterno di una nuova generazione perduta.* Roma, Italia: Elliot.
- Depression in medical in-patients Samuel J. Rosenberg, et al. Psychology and psychotherapy September 1988.
- DSM V Manuale Diagnostico e Statistico dei Disturbi Mentali I edizione 2014, Raffaello Cortina Editore.
- Morton M. Silverman et al. 1- 2007 e Morton M. Silverman et al 2 2007.

- Ebert B.W. (1987), Guide to Conducting a Psychological Autopsy, Professional Psychology: Research and Practice, n.18 (1), pp. 52-56.
- Kelly Houston, Keith Hawton, Rosie Shepperd Warneford Hospital, Oxford, Suicide in young people aged 15-24: a psychological autopsy study, febbraio 2000.
- O'Carroll PW, Berman AL, Maris RW, Moscicki EK, Tanney BL, Silverman MM. Beyond the Tower of Babel: a nomenclature for suicidology. Suicide Life Threat Behav. 1996 Fall;26(3):237-52.
- Rosenberg ML, Davidson LE, Smith JC, Berman AL, Buzbee H, Gantner G, Gay GA, Moore-Lewis B, Mills DH, Murray D, et al. Operational criteria for the determination of suicide J Forensic Sci. 1988 Nov;33(6):1445-56.).
- Suicide and Life-Threatening Behavior 37(3) June 2007 pag 248-263.
- Suicide and Life-Threatening Behavior 37(3) June 2007 pag 264-277.
- Suicidal Behavior in Children and Adolescents, Barry M. Wagner, Yale University Press; 1 edition (October 27, 2009).

- Health21: the health for al1 policy for the WHO European Region. Copenaghen, Ufficio Regionale OMS per l'Europa, 1999 (European Health for Al1 Series, No. 6).
- Istat. Indagine statistica multiscopo sulle famiglie 2016.
- http://www.istat.it/it/archivio/91926 (ultima consultazione: 20 aprile 2016).
- Cavallo F, Lemma P, Dalmasso P, Vieno A, Lazzeri G, Galeone D. Report Nazionale Dati HBSC Italia 2014. 2016.
- http://www.hbsc.unito.it/it/images/pdf/hbsc/report_nazionale _2014.comp.pdf (ultima consultazione: 16 marzo 2017).
- Piano Regionale della Prevenzione 2014-2018. Approvazione dei programmi di prevenzione per il periodo 2015-2018 Regione Piemonte.
- http://www.regione.piemonte.it/sanita/cms2/prevenzioneepro mozionedellasalute/pianoregionalediprevenzione (ultima consultazione: 15 aprile 2017).
- Erikson, Erik H. Gioventù e crisi d'identità. Armando Editore, 1995.
- Sasso L, Gamberoni L, Ferraresi A, Tibaldi L. L'infermiere di famiglia - Scenari assistenziali e orientamenti futuri. Ed. McGraw-Hill Education, Milano, 2005
- The family health nurse – Context, conceptual framework and curriculum. Documento EUR/00/5019309/13, Ufficio Regionale OMS per l'Europa, Copenaghen, Gennaio 2000 tradotto in italiano da CESPI "L'Infermiere di famiglia. Contesto, quadro concettuale e curriculum.", Torino 2000.
- AIFeC. Associazione degli Infermieri di Famiglia e Comunità www.aifec.it/ (ultima consultazione: 20 aprile 2017).

- Glossario OMS della Promozione della Salute World Health Organization, Ginevra. Centro Regionale di Documentazione per la Promozione della Salute, DoRS, 2012.
- Durkheim E. (1897): Il Suicidio, Biblioteca Universale Rizzoli, Milano – 1987.
- Frankl V. Un significato per l'esistenza. Psicoterapia e umanesimo" Ed. Città Nuova Roma 1983.
- Freud, Sigmund. "Lutto e melanconia (1917). Opere, Boringhieri, Torino 8 (1976).
- Klein, Melanie. "Contributo alla psicogenesi degli stati maniaco-depressivi."Scritti 1921-1958 (1935): 297-325.

- Liakata, M, Kim, J.H., Saha, S., Hastings, J., Rebholz-Schuhmann, D. (2012). Three hybrid classifiers fort he detection of emotions in suicide notes. Biomed Inform Insights,
- Orestano F. Pensieri , XXIII 1940
- Stekel, Wilhelm. Conditions of nervous anxiety and their treatment. Routledge, 2013.
- Darwin, C, "On the Origin of Species. John Murray, London, 1859.
- Darwin, C, "The expression of the emotions in man and animals", London, 1872.
- Tomkins, SS and Bertram PK, "Affect, Imagery, Consciousness" Volume IV Springer, 1992 New York.
- Fuster, MJ, "The prefrontal cortex of the primate. A synopsis," «Psychobiology», 2000, 28, 2, pp 125-31.
- Ekman, P, "Emotion in the human face", 1982.
- Oliverio, A, "Neuroscienze ed etica" «Iride», 2008, 1, pp. 163-86.
- Sroufe, LA, "Lo sviluppo delle emozioni", Raffaello Cortina Editore, Milano, 2000.
- Arnold, MB, "Emotion and personality", Columbia University Press. New York, 1960.
- Kandel, ER, Schwarts JH, Jessel TM "Principi di neuroscienze", Casa editrice ambrosiana. Milano 2012.
- American Psychiatric Association "DSM IV TR Manuale Diagnostico e Statistico dei Disturbi Mentali, Fourth Edition Text Revision". Masson Milano 2000.
- Miller, A, "Il risveglio di Eva. Come superare la cecità emotiva," Zurigo 2002.
- Ekman, P, "Te lo leggo in faccia" Amrita, Torino 2008.
- Meharabian, A, "Silent Messages" 1st ed. Belmont, CA: Wadsworth. ISBN 0-534-00910-7.
- Eibl, E, I "Etologia umana. Le basi biologiche e culturali del comportamento", Bollati Boringhieri, 2001.
- Eibl, E, I "Dall'animale all'uomo: le invarianti nell'evoluzione delle specie", Di Renzo Editore, 2005.
- Damasio, AR, Il sé viene alla mente. La costruzione del cervello cosciente" Adelphi, edizioni, Milano, 2012.
- Damasio, AR, Emozione e coscienza, Adelphi, edizioni, Milano, 2000.
- Damasio, AR, "L'errore di Cartesio", Adelphi edizioni, Milano, 1995, pp. 404.
- Le Doux, JL, "Post-traumatic Stress Disorder: Basic Science and Clinical Practice", co-Editor, 2009 Humana press.

- Schachter, S, e Singer, JE, "Cognitive, social and physiological determinants of emotional state", «Psycho-logical review», 1962, 69, pp. 379-99).

Autori

Yuri Cerasa consegue il diploma di massoterapista MCB presso il centro studi Synapsy nel 2017. Successivamente iscritto all'Accademia di Osteopatia di Bergamo per conseguire il titolo di Osteopata D.O. e lavora come libero professionista presso diversi centri della provincia di Bergamo.

Simonetta Vernocchi lavora come internista in un ospedale pubblico.
Sociologa e divulgatrice scientifica, si è dedicata a temi d'attualità, sia di carattere scientifico che psicologico
Professore a contratto per diverse Università (Tor Vergata di Roma, Università degli Studi di Novedrate, Universitas Ostraviensis repubblica Ceca, Nostra Signora del Buon consiglio Elbasan, Albania, Akademia della University in Czestochowa Polonia, dell'Associazioni Interstudi Europea Chiasso) relativamente alle tematiche di fine vita, fisiologia e fisiopatologia, semeiotica, health promotion, malattie dell'apparato respiratorio.
Docente nella scuola Adleriana di Psicoterapia di Milano relativamente alle tematiche di neurofisiologia e di etica.
Collabora con la Caritas Internazionale circa le tematiche di interesse sociale, promozione della salute e di etica, con corsi e seminari e diffondendo le pratiche del BLS.
Ha contribuito alla progettazione ed alla realizzazione dell'Hospice Altachiara.
È stato membro del comitato etico dell'Istituto Humanitas Mater Domini dalla sua costituzione fino a 2011.
Si occupa di ricerca e pubblicazioni in differenti settori in special modo per l'Istituto Europeo di Scienze Forensi e Biomediche.

www.ingramcontent.com/pod-product-compliance
Lightning Source LLC
Chambersburg PA
CBHW020318290526
45785CB00007B/2840